서울대 행복연구센터의 행복 리포트

대한민국
행복 지도
2020

21세기북스

대한민국 행복지도가 필요한 이유

행복에 관한 수많은 담론들이 존재하지만, 그들 중 상당수는 가짜 뉴스이거나 신화에 불과하다. 방글라데시가 우리나라보다 행복 지수가 더 높다거나, 부탄이 세계에서 가장 행복한 나라라는 것들이 그 예다.

2019년 UN 세계 행복 보고서World Happiness Report, WHR에 따르면, 대한민국은 행복 지수(정확히는 삶의 만족 지수) 10점 만점에 5.90으로, 54위를 차지했다. 반면에 방글라데시는 4.46으로 125위에 불과했고, 부탄 역시 5.08로 95위에 그쳤다.

가난한 사람이나 가난한 국가가 행복할 것이라는 막연한 기대, 부자나 부자 국가가 불행했으면 하는 은밀한 소망들이 결합되어 행복에 관한 우리의 눈을 어둡게 하고 있다.

중요한 것은 측정되어야 하고, 측정되기 시작하면 그것은 점점 더 중요해진다. 행복 또한 마찬가지다. 행복이 중요하다면, 행복을 측정해야 한다. 그것도 매 순간, 매일매일 측정해야 한다. 행복을 위한 개인, 기업, 국가의 노력은 철저하게 데이터에 근거해야 한다. 그 어떤 분야보다도 팩트풀니스 factfulness가 중요한 분야가 바로 행복이다.

서울대학교 행복연구센터는 카카오 같이가치와 공동으로 한국인들의 행복을 매일매일 측정하고 있다(안녕지수 프로젝트에 대한 자세한 소개는 뒤이어 제시되어 있다). 2017년 가을부터 시작한 측정에 근거해 2018년 한 해 동안의 대한민국 행복을 분석한 보고서를 2019년 4월에 발간했고, 올해는 2019년 한 해 동안의 행복을 분석한 두 번째 보고서를 발간하게 되었다.

2019년 보고서는 대한민국 행복을 지역별, 연령별, 성별, 요일별, 시간대별로 분석한 내용을 포함하고 있다. 뿐만 아니라, 2018년에 비해 2019년의 행복이 얼마나 증가 혹은 감소했는지 또한 담았다.

안타깝게도 2019년 대한민국의 행복은 2018년에 비해 하락했다. 버닝선 스캔들, 일본과의 갈등, 조국 사태 등으로 지난해 한국인들은 매우 불안했고 극심한 스트레스를 경험했다. 그러나 모든 국민의 행복이 다 감소한 것은 아니었다. 특정 집단의 행복이 유독 하락했는데, 이런 정보는 측정하지 않으면 알 수 없는 것들이다.

2019년 보고서는, 그럼에도 불구하고 행복을 많이 누린 사람들의 심리 사회적 요인들을 제시하고 있다.

대한민국의 행복한 사람들은 ❶ 자신의 사회적 위치가 높다는 긍정적인 생각을 했고, ❷ 일상을 바쁘게 살지만 마음속에서는 시간적 여유를 느꼈으며, ❸ 최고의 선택만을 고집하지 않고 적당한 선에서 만족했을 뿐만 아니라, ❹ 타인에 대한 의심을 갖고 살지 않았고, ❺ 무엇보다 행복이 운명이라는 수동적 생각보다는 자신의 노력으로 행복을 경험할 수 있다는 신념을 갖고 살았다.

대한민국 행복지도가 우리에게 알려주는 것들

기존 행복 조사

1회적으로 행복을 측정한다

일회성으로 행복을 측정할 경우,
'누가' 행복한지는 알 수 있어도
'언제' 행복한지는 알 수 없다.

1,000명의 행복 데이터

UN의 행복 조사에는 각국에서 15세 이상
약 1,000명이 참가한다. 이를 연령별
(20, 30, 40, 50, 60대 이상)로 나눈다면
각 연령별 응답자가 200명인 셈이고,
이를 다시 남녀로 구분하면 연령별·성별
응답자는 각각 100명밖에 되지 않는다.

서울대×카카오 행복 조사

365일 24시간 행복을 측정한다

안녕지수 측정은 365일 24시간 내내
온라인상에서 이루어지기 때문에
기존 조사의 한계를 극복할 수 있다.

200만 명의 행복 데이터

2019년 한 해 동안만 총 142만 9,242명이
안녕지수 조사에 참여했으며,
한 사람이 1회 이상 참가할 수 있었기 때문에
응답 건수 기준으로는 총 288만 4,618건의
행복 데이터가 수집되었다.

개개인의 심리적 특성을 고려한 분석

안녕지수는 각 개인의 심리적 특성들을
함께 조사함으로써 개인의 심리적 특성이
행복감에 주는 영향도 분석했다.

행복에 관한 '특별한 질문'에 답을 찾다

안녕지수를 통해 경제지표와
정치 사회 여론조사만으로는 결코
알 수 없었던 '행복'에 관한 대한민국의
진짜 마음 지표를 그릴 수 있게 되었다.

대국민 행복 측정 프로젝트

서울대학교 행복연구센터 × 카카오 같이가치

안녕지수 프로젝트 소개

2008년 2월, 당시 프랑스 대통령이었던 사르코지는 세 명의 경제학자에게 특명을 내린다. 2001년 노벨 경제학상 수상자인 미국 컬럼비아대학의 조지프 스티글리츠Joseph Stiglitz 교수, 1998년 노벨 경제학상 수상자인 미국 하버드대학의 아마르티아 센Amartya Sen 교수, 그리고 자국 파리정치대학의 장 폴 피투시Jean Paul Fitoussi 교수에게 다음의 질문들에 답을 찾는 미션을 부여한 것이다.

• 사회가 번영하고 있는지를 판단할 수 있는 최적의 통계치는 무엇일까?
• GDP만으로 사회의 번영을 측정할 수 있을까?
• GDP를 보완할 수 있는 새로운 측정치로는 무엇이 좋을까?

스티글리츠, 센, 피투시 교수가 주축이 된 '경제 성과와 사회적 진보 측정 위원회(이하 사르코지 위원회)'가 내놓은 답은 다음과 같았다.

첫째, 생산에서 웰빙으로 관심을 옮겨야 한다.
둘째, GDP만으로는 번영의 참된 모습을 측정할 수 없다.
셋째, 국민들의 주관적 행복을 측정해야 한다.

생산에서 웰빙으로! 국가 정책 기조의 근본적인 전환을 촉구한 것이다. 사르코지 위원회는 가장 중요한 첫걸음으로 국민들의 주관적 행복을 측정할 것을 권고했다.

인류는 지금까지 인류에게 중요하다고 생각하는 것들을 측정해왔다. 먹고 사는 문제가 중요하기 때문에 우리는 생산과 소비, 고용과 분배에 관한 것들을 측정했다. 또한 인간의 지적 능력이 중요하다고 생각했기 때문에 IQ라는 개념을 만들고 측정했다. 건강도 예외가 아니다. 콜레스테롤 지수, 간기능 지수, 체질량 지수 등은 이미 우리의 일상적인 용어가 된 지 오래다. 이렇게 만들어진 경제지수, IQ, 그리고 건강 지수는 날이 갈수록 더 중요해지고 있다.

무언가를 측정한다는 것은 우리 사회가 그것을 중요하게 생각하고 있음을 의미한다. 동시에 앞으로 더 중요하게 간주하겠다는 의지의 표현이기도 하다. 서울대학교 행복연구센터와 카카오 같이가치가 측정하고 있는 '안녕지수'는 이 두 가지 의미에 잘 부합한다.

객관적인 삶의 조건도 중요하지만, 그런 삶의 조건에 반응하는 우리의 마음도 중요하다. 이는 객관적인 경제 상황만큼 소비자가 실제 느끼는 '체감 경기'가 중요하고, 물리적인 온도만큼 '체감 온도'가 중요한 것과도 같다. 그동안 우리는 객관적인 삶의 여건들만을 집중적으로 측정해왔다. 이제는 우리의 마음을, 우리의 행복을 '안녕지수'라는 이름으로 측정하고자 한다.

대한민국 매일매일의 안녕을 측정하다

UN 세계 행복 보고서를 비롯한 기존의 행복 측정치들은 중요한 한계점을 지니고 있다. 바로 '실시간으로 안녕을 측정하지 못하고 있다'는 점이다. UN 세계 행복 지수는 1년에 단 한 번 측정한다. 그러다 보니 매일매일의 삶에 반응하는 우리 마음의 변화를 민감하게 알아낼 수가 없다. 뿐만 아니라 조사에 동원되는 사람들의 수도 많지 않다. UN 행복 조사는 각 나라에서 15세 이상 성인 1,000여 명만을 대상으로 진행된다.

이런 한계를 극복하기 위해서는 다수의 사람들이 실시간으로 자신의 안녕을 보고할 수 있는 플랫폼이 필요하다.

이에 서울대학교 행복연구센터는 카카오 같이가치 팀과 뜻을 모아 2017년 9월부터 지금까지 한국인들의 행복을 실시간으로 측정해오고 있다. 서울대학교 행복연구센터가 개발한 '안녕지수' 측정치는 카카오 마음날씨 플랫폼 together.kakao.com/hello에 탑재되어 있어서 이용자들이 원할 때 언제든지 자유롭게 참여할 수 있다. 뿐만 아니라 행복과 관련된 다양한 심리 검사들을 무료로 제공하고 있다.

지난해까지 2년 4개월여간 240만 명 이상의 한국인들이 한 번 이상 안녕지수 테스트에 참여했고, 누적 건수로는 500만 건 이상의 데이터가 축적되었다. 한국에서뿐만 아니라 전 세계적으로도 이와 같이 방대한 규모의 데이터는 찾아보기 힘들다. 우리는 이 방대한 자료를 분석해 한국인들의 행복을 체계적으로 분석하고자 한다.

세계 최초, 최대 규모의 '대국민 실시간 행복 연구'
안녕지수의 특별함은 단순히 응답자가 많다는 데 있지 않다. 안녕지수는 카카오 마음날씨의 온라인 플랫폼을 활용하고 있기 때문에 사람들이 원하는 시간과 장소에서, 하루에도 몇 번이고 자신의 마음 상태를 실시간으로 자유롭게 측정할 수 있다는 강점을 가지고 있다.

실제 카카오 마음날씨 화면 ➡

2002년 노벨 경제학상을 받은 심리학자 대니얼 카너먼Daniel Kahneman은 우리 안에 서로 다른 자아들, 즉 '기억하는 자아remembering self'와 '경험하는 자아experiencing self'가 존재한다고 이야기한다. 사람들은 자신이 기억하는 나와 실제 행동하는 내가 같은 모습이라고 믿지만, 실제로 이 둘 간에는 상당한 괴리가 존재한다. 행복 역시 과거 '기억'에 의존된 행복과 실제 '경험'되는 행복은 다르다.

안녕지수는 "당신은 지금 얼마나 행복합니까?"라고 묻는다. 안녕지수는 사람들의 '지금 이 순간'에 관심을 가지고 있다. 전반적인, 평균적인 행복이 아니라 '지금 이 순간'에 느끼고 있는 만족감, 의미, 스트레스를 측정하는 것을 목표로 한다.

안녕지수가 우리에게 가르쳐줄 수 있는 것들

이를 통해 우리는 주가지수처럼 매일매일의 안녕지수를 얻을 수 있다. 또한 우리의 안녕이 중요한 국가적 사건이나 날씨와 같은 외적인 변수들에 의해 어떻게 변하는지도 민감하게 알아낼 수 있다. 지역별, 연령별, 성별, 요일별, 시간대별 안녕의 차이도 알아낼 수 있다. 무엇보다 매년 방대한 데이터가 축적됨으로써 우리 사회의 특징과 변동을 '안녕'이라는 창문을 통해서 들여다볼 수 있다.

안녕이라는 키워드를 이용해 우리나라의 지도를 다시 그려보게 될 것이다. 지역별 행복지도, 연령별 행복지도를 상상해보자. 이런 지도들이 삶의 중요한 대화의 소재가 될수록 우리 사회는 우리의 마음과 안녕에 더 귀 기울이게 될 것이다.

안녕지수 데이터는 시간이 지날수록 더욱더 빛을 발할 것이다. 안녕지수 조사에 지속적으로 참여하는 사람들이 늘어나면서, 한 개인 내부에서 일어나는 심리 상태의 변화를 추적하는 것이 가능해질 것이다. 청소년에서 성인, 성인에서 중년이 되면서 사람들의 행복은 어떻게 달라지는지, 그리고 한국 사회의 변화와 함께 사람들의 행복은 어떠한 모습으로 바뀌는지를 살펴볼 수 있는 귀중한 자료가 되어줄 것이다. 장기적으로 안녕지수에 관한 데이터 구축은 한국 사회와 한국인의 마음을 이해하는 소중한 국가적 유산을 남기는 일이 될 것이다.

Contents

Part 02
행복한 사람들의 5가지 특징 150만 명의 데이터에서 찾아낸 행복의 비밀 ────── ● ●

01

당신은 지금 얼마나 행복한가요?

연령, 지역, 날짜, 성별로 본 대한민국 행복지도

Korea Happiness Report

How to Measure Happiness

'행복'을 어떻게
측정할 수 있을까?

○
●

안녕지수 측정 방법

서울대학교 행복연구센터는 카카오 같이가치 팀과 뜻을 모아 2017년 9월부터 지금까지 한국인들의 마음 상태를 측정해오고 있다. 서울대학교 행복연구센터가 개발한 행복 측정치인 '안녕지수'는 카카오 마음날씨 플랫폼에서 365일 24시간 언제든지 자유롭게 측정해볼 수 있다. 지난 2년 4개월여간 240만 명 이상의 사람들이 한 번 이상 안녕지수 측정에 참여했고, 누적 건수로는 500만 건 이상의 데이터가 축적되었다. 그런데 눈에 보이지도 않고 증명할 수도 없는 '행복'이라는 마음을 과연 어떻게 측정했을까? 안녕지수가 사용한 행복 측정 방법을 살펴보자.

행복을 측정하는 방법

행복을 측정하는 가장 확실한 방법은 사람들에게 직접 물어보는 것이다. 개인 소득과 같은 객관적인 지표나 타인의 평가에 의해서가 아니라 자신의 주관적 잣대로 스스로의 삶을 평가하는 것이 행복의 핵심이기 때문이다. 그래서 심리학에서는 행복을 주관적 안녕감 subjective well-being이라고 부르기도 한다.

전통적으로 행복은 크게 쾌락주의적 행복관hedonism과 자기실현적 행복관eudaimonism으로 정의되어왔다. 행복과 즐거움을 추구하는 기존의 쾌락주의적 관점에서 행복을 보다 폭넓게 정의한 것이 주관적 안녕감이다. 주관적 안녕감의 주요 요인은 삶에 대한 만족감과 감정 밸런스이며, 행복을 본인의 삶에 대한 만족과 많은 긍정정서 경험 및 상대적으로 적은 부정정서 경험으로 정의한다.

이와는 대조적으로 자기실현적 관점에서의 행복은 자신이 가진 잠재성의 충족과 발휘를 뜻하는 자기실현으로 정의된다. 인간은 만족스럽고 즐거운 삶, 그 이상을 추구하는 존재다. 아리스토텔레스는 진정으로 행복한 삶이란 쾌快를 넘어 선善과 덕德이 있는 삶, 즉 의미와 목적이 있는 삶이라고 이야기했다. 자기 성장, 삶의 의미와 목적을 행복의 중요 요소로 보는 심리적 안녕감psychological well-being과 같은 접근을 자기실현적 행복관이라고 한다.

행복을 측정하는 10가지 질문

서울대학교 행복연구센터는 이와 같은 행복 연구의 전통과 최근 연구의 흐름을 두루 반영해 행복의 다양한 의미를 최대한 담아낸 안녕지수를 만들었다. 안녕지수는 개인의 삶의 만족감, 정서 상태, 삶의 의미와 스트레스를 묻는 총 10개의 문항으로 구성되어 있다.

응답자들은 모든 질문에 대해 0부터 10까지의 11점 척도상에서 응답했으며, 이는 UN 세계 행복 보고서와 OECD의 삶의 만족도 측정에 사용된 척도와 일치한다. 안녕지수 총점은 부정적 심리 경험 점수(스트레스, 지루함, 짜증, 우울, 불안)를 역코딩한 10개 항목의 총합으로 산출했다. 결과적으로 안녕지수가 높으면 행복감이 높은 것으로 해석된다.

안녕지수 측정 문항

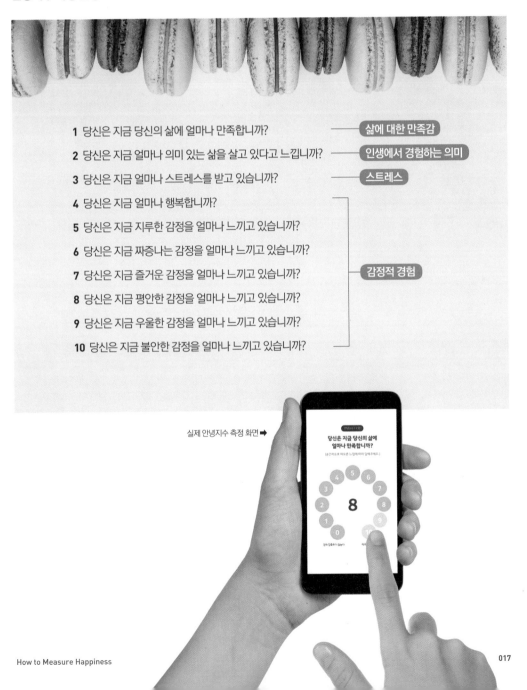

1 당신은 지금 당신의 삶에 얼마나 만족합니까? ——— 삶에 대한 만족감

2 당신은 지금 얼마나 의미 있는 삶을 살고 있다고 느낍니까? ——— 인생에서 경험하는 의미

3 당신은 지금 얼마나 스트레스를 받고 있습니까? ——— 스트레스

4 당신은 지금 얼마나 행복합니까?

5 당신은 지금 지루한 감정을 얼마나 느끼고 있습니까?

6 당신은 지금 짜증나는 감정을 얼마나 느끼고 있습니까?

7 당신은 지금 즐거운 감정을 얼마나 느끼고 있습니까? ——— 감정적 경험

8 당신은 지금 평안한 감정을 얼마나 느끼고 있습니까?

9 당신은 지금 우울한 감정을 얼마나 느끼고 있습니까?

10 당신은 지금 불안한 감정을 얼마나 느끼고 있습니까?

실제 안녕지수 측정 화면 ➡

안녕지수 하위 지표

 삶의 만족 전반적인 삶에 대한 평가로서 1번 문항 "당신은 지금 당신의 삶에 얼마나 만족합니까?"에 대한 응답으로 구성되었다.

 삶의 의미 2번 문항 "당신은 지금 얼마나 의미 있는 삶을 살고 있다고 느낍니까?"에 대한 응답으로 구성되었다.

 긍정정서 긍정적 감정을 묻는 4번("행복한"), 7번("즐거운"), 8번("평안한") 문항에 대한 응답으로 구성되었다.

 부정정서 부정적 감정을 묻는 5번("지루한"), 6번("짜증나는"), 9번("우울한"), 10번("불안한") 문항에 대한 응답으로 구성되었다.

 스트레스 3번 문항 "당신은 지금 얼마나 스트레스를 받고 있습니까?"에 대한 응답으로 구성되었다.

중요한 것은 측정되어야 한다.
우리에게 행복이 중요하다면 행복 또한 측정되어야 한다。

안녕지수 프로젝트에 참가한 사람들은 누구였을까?

안녕지수 프로젝트의 성별·연령별·지역별 응답자 분석

2019년 한 해 동안 총 142만 9,242명이 안녕지수 조사에 참여했다. 한 사람이 1회 이상 조사에 참여할 수 있었기 때문에 응답 건수로는 응답자의 약 2배에 해당하는 288만 4,618건의 응답이 수집되었다.
하루 평균 3,915명이 참가했고, 7,903건의 응답이 수집되었다. 2018년 응답자 수가 104만 3,611명, 총 응답 수가 227만 675건이었음을 감안할 때, 응답자는 약 37%, 응답 수는 약 27% 증가했다.

성별 비율

단위 : 명

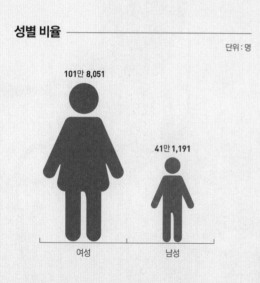

연령별 비율

단위 : 명

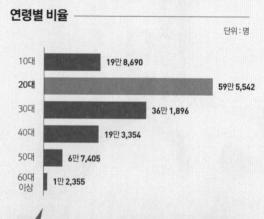

여성 응답자가 남성 응답자보다 약 2.5배 더 많았다.
비록 남성 응답자가 여성 응답자보다 적었지만,
남성 응답자의 수도 41만 명에 달했기 때문에
남녀 표본 수의 차이가 분석 결과에 영향을 미칠 가능성은
거의 없다고 할 수 있다. 남녀의 상대적 비율은 2018년의
3.4배에 비해 상당히 개선되었다.

20대가 59만 5,542명(41.7%)으로 가장 많았다.
30대도 36만 1,896명(25.3%)에 달했다.
20~30대 응답자에 비해 다른 연령, 특히 60대 이상의
참여 비율(0.9%)이 낮아서 대표성에 대한 우려가 있을 수
있지만, 60대 이상도 1만 2,355명이나 참여했기 때문에,
그 어느 행복 조사보다 다양한 연령의 응답자들을
충분히 확보했다고 할 수 있다.
특히 UN 세계 행복 보고서가 각 나라에서
약 1,000명 내외를 표집한 결과에 기초하고
있다는 점에 비추어보면, 안녕지수 조사의 표본
대표성에는 큰 무리가 없다고 판단된다.

지역별 분포

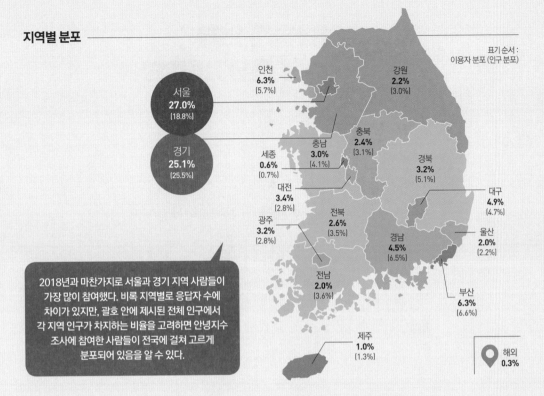

표기 순서 :
이용자 분포 (인구 분포)

인천
6.3%
[5.7%]

강원
2.2%
[3.0%]

서울
27.0%
[18.8%]

경기
25.1%
[25.5%]

충북
2.4%
[3.1%]

충남
3.0%
[4.1%]

세종
0.6%
[0.7%]

경북
3.2%
[5.1%]

대전
3.4%
[2.8%]

대구
4.9%
[4.7%]

전북
2.6%
[3.5%]

광주
3.2%
[2.8%]

경남
4.5%
[6.5%]

울산
2.0%
[2.2%]

전남
2.0%
[3.6%]

부산
6.3%
[6.6%]

제주
1.0%
[1.3%]

해외
0.3%

2018년과 마찬가지로 서울과 경기 지역 사람들이 가장 많이 참여했다. 비록 지역별로 응답자 수에 차이가 있지만, 괄호 안에 제시된 전체 인구에서 각 지역 인구가 차지하는 비율을 고려하면 안녕지수 조사에 참여한 사람들이 전국에 걸쳐 고르게 분포되어 있음을 알 수 있다.

응답 횟수별 응답자 수

표기 순서 :
응답 비율 (응답자 수)

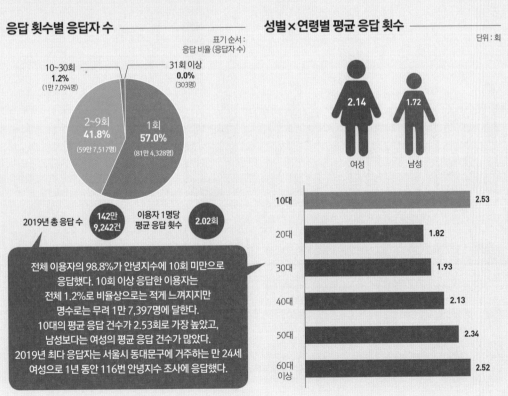

10~30회
1.2%
(1만 7,094명)

31회 이상
0.0%
(303명)

2~9회
41.8%
(59만 7,517명)

1회
57.0%
(81만 4,328명)

2019년 총 응답 수 **142만 9,242건**

이용자 1명당 평균 응답 횟수 **2.02회**

전체 이용자의 98.8%가 안녕지수에 10회 미만으로 응답했다. 10회 이상 응답한 이용자는 전체 1.2%로 비율상으로는 적게 느껴지지만 명수로는 무려 1만 7,397명에 달한다. 10대의 평균 응답 건수가 2.53회로 가장 높았고, 남성보다는 여성의 평균 응답 건수가 많았다. 2019년 최다 응답자는 서울시 동대문구에 거주하는 만 24세 여성으로 1년 동안 116번 안녕지수 조사에 응답했다.

성별×연령별 평균 응답 횟수

단위 : 회

2.14 여성
1.72 남성

연령	
10대	2.53
20대	1.82
30대	1.93
40대	2.13
50대	2.34
60대 이상	2.52

사람들은 언제
안녕지수에 응답했을까?

안녕지수 프로젝트의 월별·요일별·시간대별 응답자 분석

안녕지수 조사 자료의 대표성을 확인하기 위해서는 응답자의 성별·연령별·지역별 분포뿐만 아니라, 월별·요일별·시간대별 응답자 수를 살펴봐야 한다.

월별 응답 빈도

단위 : 회

월별 안녕지수 응답 횟수를 보면 8월이 31만 4,422회(10.9%)로 가장 많았고, 2월이 14만 2,800회(5%)로 가장 적었다. 월별 응답 건수에 차이가 있는 데는 여러 가지 이유가 있지만, 그중에서도 새로운 심리 검사를 탑재해 응답자들의 참여를 유도하는 안내(푸시 알림)를 내보냈는지가 중요하게 작동했다. 그러나 최소로 응답한 달도 14만 건을 초과했기 때문에, 월별 응답 건수의 차이가 전체 결과에 미치는 영향은 크지 않다고 할 수 있다.

요일별 응답 빈도

단위 : 회

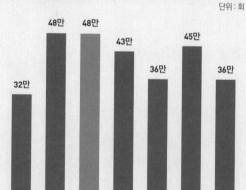

요일별 응답 횟수는 수요일(16.7%)이 가장 많았고, 화요일(16.5%)도 수요일과 매우 근접한 응답 횟수를 보였다. 월요일(11.2%)은 응답률이 가장 낮았지만 각 요일별로 30만 건 이상의 응답이 수집되었기 때문에 요일별 안녕지수의 차이를 분석하는 데는 큰 무리가 없을 것으로 판단된다.

단위 : 회

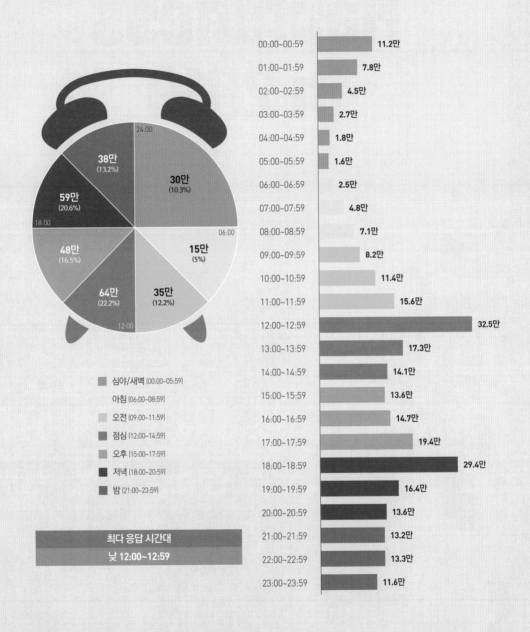

시간대	빈도
00:00~00:59	11.2만
01:00~01:59	7.8만
02:00~02:59	4.5만
03:00~03:59	2.7만
04:00~04:59	1.8만
05:00~05:59	1.6만
06:00~06:59	2.5만
07:00~07:59	4.8만
08:00~08:59	7.1만
09:00~09:59	8.2만
10:00~10:59	11.4만
11:00~11:59	15.6만
12:00~12:59	32.5만
13:00~13:59	17.3만
14:00~14:59	14.1만
15:00~15:59	13.6만
16:00~16:59	14.7만
17:00~17:59	19.4만
18:00~18:59	29.4만
19:00~19:59	16.4만
20:00~20:59	13.6만
21:00~21:59	13.2만
22:00~22:59	13.3만
23:00~23:59	11.6만

시계 그래프:
- 38만 (13.2%)
- 30만 (10.3%)
- 59만 (20.6%)
- 15만 (5%)
- 48만 (16.5%)
- 35만 (12.2%)
- 64만 (22.2%)

24:00 / 06:00 / 18:00 / 12:00

범례:
- 심야/새벽 (00:00~05:59)
- 아침 (06:00~08:59)
- 오전 (09:00~11:59)
- 점심 (12:00~14:59)
- 오후 (15:00~17:59)
- 저녁 (18:00~20:59)
- 밤 (21:00~23:59)

최다 응답 시간대
낮 12:00~12:59

하루 중 안녕지수 응답이 가장 빈번했던 시간대는 점심(22.2%)과 저녁(20.6%)이었고,
아침(5%)이 가장 낮았다. 1시간 단위로 나누어 보았을 때에는 낮 12시~12시 59분이, 32만 4,687회(11.3%)로
가장 높은 응답률을 보였다. 사람들이 설문에 응답하기 가장 편안한 시간이 점심시간임을 추측할 수 있다.

Happiness in 2019

2019 대한민국,
안녕하셨나요?

2019년 대한민국 안녕지수 분석

2019년 우리나라 국민의 안녕지수는 어느 정도였을까? 우리나라 국민은 자신의 삶에 얼마나 만족하고, 얼마나 의미를 느꼈을까? 스트레스 수준은 어느 정도였을까?

2019년 한국인의 안녕지수 평균은 10점 만점에 5.12(표준편차 1.88)였다. 안녕지수의 중간값이 5점임을 감안했을 때, 2019년 한국인의 행복 수준은 '보통'이었다고 할 수 있다. 2018년 안녕지수 평균인 5.18(표준편차 1.83)에서 약간 하락한 점수다(2018년과의 자세한 비교는 뒷부분에 제시되어 있다).

2019년 대한민국 안녕지수와 행복 수준

2019년
대한민국 안녕지수

5.12점

행복 수준

보통

아주 좋지도, 아주 나쁘지도 않았던 보통의 행복

2019년 한국인의 안녕지수는 평균을 기준으로 종 모양의 정규분포 형태를 띈다. 4~6점대의 중간 안녕 그룹에 58.2%의 사람들이 집중되어 있고 7점대 이상의 최고 안녕 그룹에는 16.6%, 3점대 이하의 최저 안녕 그룹에는 25.2%의 응답자들이 분포되어 있었다.

7점대 이상을 최고 안녕 그룹으로, 3점대 이하를 최저 안녕 그룹으로 정한 이유는, 평균 5.12를 기준으로 1 **표준편차**(1.88) 상하 그룹에 해당하기 때문이다.

'0점 이상~1점 미만' 점수대 응답자 비율은 1.9%에 달했다. 자기 삶에 만족하지 못하고 삶의 의미를 발견하지 못하며, 정서적 경험 또한 매우 부정적인 사람들의 숫자가 1.9%라는 점은, 비율로 보면 경미한 숫자이지만 응답자 수로 보면 2만 7,140명에 이르는 큰 숫자다.

표준편차
일반적으로 자료를 대표하는 값으로 '평균'을 많이 사용하지만, 평균을 알아도 자료들이 평균으로부터 얼마나 흩어져 있는지에 따라 자료의 특징은 크게 달라진다. 이때 자료가 평균을 중심으로 얼마나 떨어져 있는지를 나타내는 수치를 '표준편차'라고 한다. 표준편차가 0에 가까울수록 자료 값들이 평균 근처에 집중되어 있다는 뜻이며, 수치가 클수록 자료 값들이 널리 퍼져 있다는 뜻이다.

반면에 '9점 이상'에 해당하는 사람들도 2.1%로 2만 8,947명에 이르렀다. 2018년에도 1점 미만 응답자와 9점 이상 응답자의 비율은 2019년과 비슷하게 각각 1.5%와 2.1%였다.

2019년 대한민국 안녕지수 분포

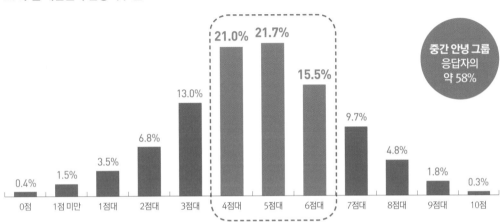

					21.0%	21.7%					
0.4%	1.5%	3.5%	6.8%	13.0%			15.5%	9.7%	4.8%	1.8%	0.3%
0점	1점 미만	1점대	2점대	3점대	4점대	5점대	6점대	7점대	8점대	9점대	10점

중간 안녕 그룹
응답자의
약 58%

2019년 한국인의 안녕지수는 10점 만점에 5.12였다.
2018년에 비해 조금 낮아졌지만,
행복 수준은 여전히 '보통'이었다.

안녕지수를 구성하는 하위 지표 10개 중 가장 먼저 살펴볼 대상은 '삶의 만족도'다. 그 이유는 다음과 같다.

첫째, 우리에게 익숙한 세계 행복 순위가 바로 삶의 만족도 순위이기 때문이다. 국가 간 행복 순위 자료들 중 가장 신뢰할 수 있는 자료로 평가되는 UN 세계 행복 보고서에서도 국가별 행복 수준을 조사할 때 삶의 만족도를 사용한다. 삶의 만족도란 자신의 삶에 대해 스스로가 내리는 주관적 평가를 말한다.

지난 UN 행복 조사에서는 156개국 응답자들에게 자신의 삶 전반을 0점(더 이상 나쁠 수 없다)에서 10점(더 이상 좋을 수 없다) 사이에서 평가하게 해 이를 행복 수준의 척도로 삼았다. 이 질문은 안녕지수의 하위 지표인 삶의 만족도 질문 "당신은 지금 당신의 삶에 얼마나 만족합니까?"와 거의 동일하다.

둘째, 삶의 만족도는 OECD가 행복 측정을 위해 가장 중요시하는 요인이다. OECD는 소속 국가들의 행복 정도를 파악하기 위해 가장 먼저 삶의 만족도를 측정하라고 권고한다. OECD 국가들 중 영국은 "전반적으로 요즘 당신의 삶에 얼마나 만족하십니까"라는 질문을 통해 영국인의 행복을 주기적으로 측정하고 있다. 안녕지수에 사용된 삶의 만족도 질문은 영국의 질문을 약간 변형한 형태다.

셋째, UN 세계 행복 보고서가 국가의 행복을 측정할 때 삶의 만족도를 사용하기 때문에 본 안녕지수의 삶의 만족도 점수를 UN 세계 행복 보고서의 만족도 점수와 비교해보면 본 조사 자료의 신뢰성을 검토할 수 있다.

안녕지수에서 도출된 삶의 만족도 값이 이미 발표된 UN 세계 행복 보고서의 한국인 삶의 만족도와 비슷하다면, 안녕지수 데이터를 신뢰할 수 있는 하나의 근거가 될 것이다(다만 2019년 UN 세계 행복 보고서는 2006년부터 2018년 사이의 삶의 만족도 평균값을 사용했기 때문에 2019년 안녕지수의 삶의 만족도 점수와는 다소 차이가 있을 수 있다는 점을 고려해야 한다).

2019년
대한민국은
얼마나 자기 삶에
만족했을까?

2019 대한민국
삶의 만족도

삶의 만족도는 행복 수준을 측정하기 위해
가장 중요한 요인이다。

2019년 대한민국 삶의 만족도 분포

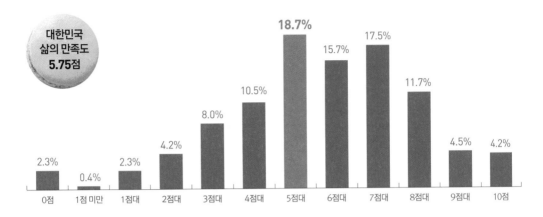

2019년 대한민국의 삶의 만족도 평균은 5.75(표준편차 2.26)였다. 2018년 삶의 만족도 점수인 5.82(표준편차 2.20)보다도 낮고, 2019년 UN 세계 행복 보고서에 발표된 대한민국 삶의 만족 지수 5.90보다도 낮은 수치다.

삶의 만족도 그래프 역시 안녕지수와 마찬가지로 평균값을 중심으로 종 모양을 이루고 있다. 정규분포 형태를 자세히 검토하면 대한민국의 행복 수준을 단순히 낮다거나 혹은 50위권이라는 식의 한마디로 규정할 때 놓치기 쉬운 중요한 사실들을 발견하게 된다. 한국인들 사이에서도 삶의 만족도에 큰 차이가 있기 때문이다.

2019년 대한민국에는 북유럽 수준의 행복을 누리는 사람들도 많았다
앞서 말했듯 2019년 UN 세계 행복 보고서에 따르면 대한민국의 삶의 만족 지수는 5.90으로, 156개국 중 54위였다. 1위는 핀란드(7.77)였고, 덴마크(7.60)와 노르웨이(7.55)가 각각 2위, 3위를 기록하는 등 북유럽 국가들이 최상위권을 차지했다. 10위권 안에는 북유럽 국가뿐만 아니라 뉴질랜드, 캐나다, 오스트레일리아 등의 북미, 오세아니아 주요 국가들도 포함되어 있었다.

10~40위에는 서유럽과 중남미 국가, 40~70위에는 동아시아와 동유럽 국가, 70~110위에는 동남아시아와 서남아시아 국가들이 분포해 있었다. 최하위권은 주로 아프리카 국가들이었다.

안녕지수를 통해 측정된 2019년 대한민국의 삶의 만족도 점수를

UN 세계 행복 보고서와 비교하면 흥미로운 사실을 발견할 수 있다. 대륙별로 삶의 만족도를 살펴보면 오세아니아(7.27), 북유럽(6.98), 북미(6.19) 순으로 점수가 높았고, 하위 3위는 아프리카(4.35), 서남아시아(5.25), 동남아시아(5.27) 순이었다.

이 점수들을 기준으로 2019년 대한민국의 삶의 만족도를 구분해보면, 세계에서 가장 행복한 오세아니아 사람들의 평균 만족도 수준 이상을 경험한 응답자 비율은 전체 응답자의 24.0%였고, 북유럽 사람들의 평균 만족도 수준 이상을 경험한 응답자 비율은 38.0%였다. 즉 38.0%에 해당하는 사람들이 오세아니아와 북유럽 사람들의 만족도 수준을 보인 것이다.

반대로 UN 행복 순위에서 가장 낮은 아프리카 국민들의 수준 또는 그 이하의 삶의 만족도를 경험한 응답 비율이 25.0%에 달했다. 한마디로 삶의 만족도 면에서 대한민국은 양극화를 보이고 있는 것이다.

UN 세계 행복 보고서에서 대한민국의 삶의 만족도가 54위라는 점에 실망하기 쉽다. 그러나 자세히 들여다보면, 몸은 대한민국에 있지만, 마음 상태는 오세아니아나 북유럽 사람들과 유사한 사람들이 38.0%, 아프리카 사람들의 마음 상태와 유사한 사람들도 25.0%에 달한다는 점을 알 수 있다.

몸은 똑같이 대한민국에 살고 있어도 마음의 행복 수준은 천차만별인 것이다. 일부는 북유럽 사람들과 같았고, 다른 일부는 아프리카 사람들과 같았다.

2019년 UN 세계 행복 국가 순위와 비교한 대한민국 삶의 만족도 분포

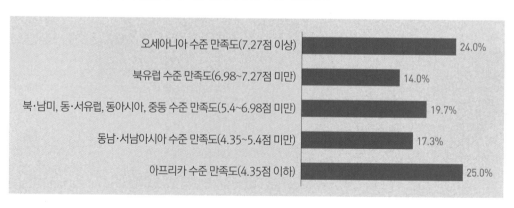

2019년 대한민국은 유쾌했을까?

2019 대한민국 감정 밸런스

행복의 두 번째 구성요소는 감정affect 이다. 감정은 주로 쾌-불쾌의 차원으로 이해되며, 우리가 흔히 말하는 정서와 기분을 모두 포함한다. 여기에서 정서란 즐거움, 감사처럼 이름을 붙일 수 있는 감정 상태이며, 기분은 '그냥 기분이 좋아서'처럼 이름을 붙이기 어려운 감정 상태를 뜻한다.

감정적 측면에서 행복을 정의하면, 행복이란 긍정적인 정서들을 자주 경험하고, 부정적인 정서들은 덜 경험하며, 기분이 좋은 상태도 자주 경험하는 것을 의미한다.

행복을 측정하기 위해서는 주로 여러 개의 긍정적인 정서와 부정적인 정서를 조사해야 한다. 이때 조사한 개별 정서를 따로 분석할 수도 있지만, 긍정정서의 총합에서 부정정서의 총합을 뺀 값인 '감정 밸런스'를 행복 값으로 사용하는 것이 보편적이다.

안녕지수 측정에서는 긍정정서 3가지 '행복, 즐거움, 평안함'과 부정정서 4가지 '지루함, 짜증, 우울, 불안'을 측정했으며, 긍정정서 총합에서 부정정서 총합을 빼 감정 밸런스 점수를 얻었다. 감정 밸런스 점수가 플러스(+)인 경우는 긍정정서가 부정정서보다 더 높은 것을, 마이너스(-)인 경우는 부정정서가 긍정정서보다 높은 것을 뜻한다. 감정 밸런스를 사용해 2019년 한 해 동안 대한민국이 감정적으로 얼마나 행복했는지 살펴보자.

2019년 대한민국 감정 밸런스 분포

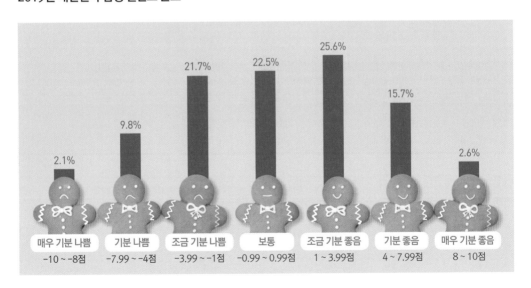

감정 밸런스 평균값은 0.49(표준편차 3.83)였다. 평균적으로 한국인들이 2019년 한 해 동안 긍정정서를 부정정서보다 약간 더 많이 경험했다는 것을 나타낸다. 그러나 **2018년의 감정 밸런스 평균값 0.62(표준편차 3.73)보다는 나빠진 점수다.**

감정 밸런스 7단계 '매우 기분 나쁨'부터 '매우 기분 좋음'을 보면 전체적으로 감정 경험이 유쾌했던 사람들과 불쾌했던 사람들이 고루 존재하는 것을 확인할 수 있다. 감정 밸런스가 보통보다 높은 사람들(감정 밸런스 1점 이상)은 43.9%, 보통보다 낮은 사람들(감정 밸런스 -1점 이하)은 33.6%로, 2019년에 평균적으로 기분 좋았던 한국인의 수가 평균적으로 기분이 나빴던 한국인의 수보다 1.3배 정도 많았다.

유쾌했던 날이 많았을까? 불쾌했던 날이 많았을까?

감정 상태 분석을 '사람'을 기준으로 하지 않고, '날'을 기준으로 하면 2019년 365일 중 유쾌했던 날과 불쾌했던 날을 구분할 수 있다. 2019년 한 해 동안 유쾌했던 날과 불쾌했던 날은 각각 며칠이었을까?

감정 밸런스 점수가 플러스면 유쾌한 날, 마이너스면 불쾌한 날로 규정해 분석해본 결과, 놀랍게도 2019년 한 해 동안 유쾌한 날은 359일이었고 불쾌한 날은 6일에 불과했다. 2018년 365일 중 불쾌한 날이 20일이었던 것과 비교해 2019년에는 유쾌한 날이 14일이나 더 많았다. 이는 사람의 기본적인 감정 상태가 긍정적이라는 심리학 연구와 일치하는 결과다.

불쾌한 날을 살펴보면, **2019년 최고로 불쾌했던 날은 11월 15일 금요일로 감정 밸런스가 -0.90이었다.** 특별히 이날은 대학 수학능력 시험 바로 다음 날이었다. 수능 후 높아진 10대의 부정정서 혹은 미래 수험생들과 학부모들의 불안함이 반영되었을 가능성이 많다. 이 불쾌감은 그다음 날 11월 16일 토요일까지 이어졌다.

나머지 불쾌한 4일 중 3일은 월요일이었으며, 일요일도 하루 포함되어 있었다. 2018년 불쾌했던 20일에 월요일의 비율(총 6일)이 가장 많았던 것과 일치하는 결과다.

2019년 대한민국의 유쾌한 날과 불쾌한 날의 비율

유쾌한 날
359일

365일 중
359일이 유쾌했다.

불쾌한 날
6일

2019년 불쾌한 6일

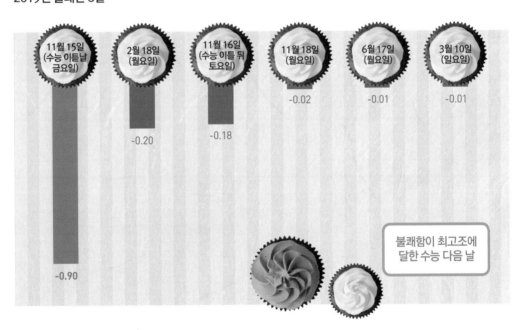

11월 15일
(수능 이튿날
금요일)

2월 18일
(월요일)

11월 16일
(수능 이틀 뒤
토요일)

11월 18일
(월요일)

6월 17일
(월요일)

3월 10일
(일요일)

-0.02

-0.01

-0.01

-0.20

-0.18

-0.90

불쾌함이 최고조에
달한 수능 다음 날

2018년에 비해 2019년에는
유쾌한 날이 무려 14일이나 더 많았다.
사람의 기본 감정 상태가 긍정적이라는
심리학 연구와 일치하는 결과다。

행복을 구성하는 제3의 요인은 삶의 의미 경험이다. 앞서 말했듯이 행복을 연구하는 학자들은 행복을 크게 쾌락적 행복과 의미적 행복(혹은 자기실현적 행복)으로 구분한다.

행복을 이 두 가지 측면으로 구분하는 것에 대한 논의는 학계에서 여전히 진행 중이지만, OECD는 이 둘의 구분을 수용해 소속 국가들의 행복을 측정할 때 의미적 행복도 측정할 것을 권고한다. 영국은 의미적 행복의 대표적 요소인 삶의 의미와 가치를 측정해 이 권고를 적극적으로 실천하고 있는 나라다.

안녕지수 조사에서도 이 권고를 수용해 삶의 의미를 측정했다. 안녕지수 조사에서 "당신은 지금 얼마나 의미 있는 삶을 살고 있다고 느낍니까?"가 삶의 의미 수준을 묻는 항목이다. 2019년 한국인의 평균 삶의 의미 점수는 5.43(표준편차 2.48)이었다. 2018년 5.45와 큰 차이를 보이지 않았다.

앞서 안녕지수, 삶의 만족도가 종 모양의 정규분포를 이룬 것처럼 삶의 의미 점수도 정규분포 모양을 하고 있다. 삶의 의미 점수가 평균값에서 표준편차 1 이상인 그룹(8점 이상)을 일상 속에서 삶의 의미를 충분히 찾으며 살아가는 '의미 부유층'으로 정의하고, 평균값에서 표준편차 1 이하인 그룹(3점 이하)을 삶의 목적과 이유를 찾지 못한 채 하루하루를 그냥 살아가는 '의미 빈곤층'으로 정의해보면, 2019년 한국인 10명 중 2명은 의미 부유층이었고, 10명 중 2명은 의미 빈곤층이었다.

2019년 대한민국 삶의 의미 점수

5.43점

2019년 대한민국 삶의 의미 분포

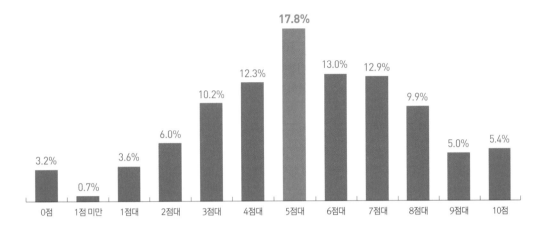

0점	1점 미만	1점대	2점대	3점대	4점대	5점대	6점대	7점대	8점대	9점대	10점
3.2%	0.7%	3.6%	6.0%	10.2%	12.3%	17.8%	13.0%	12.9%	9.9%	5.0%	5.4%

한국인 10명 중 2명은 의미 부유층이었고,
10명 중 2명은 의미 빈곤층이었다.

스트레스는 부정정서 경험에 포함해 분석할 수 있지만, 스트레스 그 자체로 중요한 주제이기 때문에 독립적으로 분석했다.

2019년 한국인의 스트레스 평균값은 6.41로 10개의 안녕지수 하위 지표 중 유일하게 6점 이상을 기록했다. 이는 2018년 스트레스 점수 6.34가 다른 안녕지수 하위 지표 중 유일하게 6점 이상이었던 것과 동일하다.

또한 2019년 스트레스는 2018년보다도 높았을 뿐만 아니라 같은 해 다른 부정정서 평균값인 5.01과 비교해도 월등히 높았다. 2019년 스트레스가 얼마나 컸었는지 짐작할 수 있다.

스트레스 점수 분포를 보면 한국인의 평균 스트레스 점수가 중간에서 오른쪽, 즉 높은 점수 쪽으로 편향되어 있는 것을 알 수 있다. 안녕지수 하위 지표인 삶의 만족, 삶의 의미, 정서 밸런스의 정규분포와 비교하면 편향 정도가 더 분명해진다.

2019년에 평균 스트레스 점수가 7점대 이상으로 높은 스트레스를 경험한 응답자는 전체 응답자의 49.5%나 되었고, 최고 점수인 10점을 보고한 응답자도 10.1%나 되었다. 이는 14만 4,304명에 달하는 수치다. 2019년 한국인들은 과도한 스트레스를 경험하며 한 해를 살았다고 할 수 있다.

2019년 대한민국 스트레스는 얼마나 심했을까?

2019 대한민국 스트레스

2019년 대한민국 스트레스 지수 분포

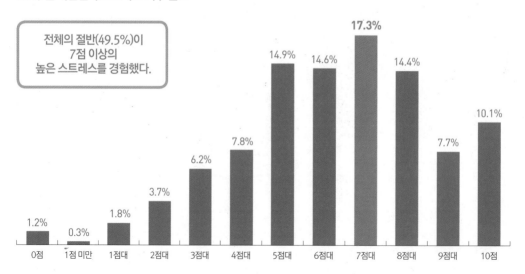

전체의 절반(49.5%)이 7점 이상의 높은 스트레스를 경험했다.

0점	1점 미만	1점대	2점대	3점대	4점대	5점대	6점대	7점대	8점대	9점대	10점
1.2%	0.3%	1.8%	3.7%	6.2%	7.8%	14.9%	14.6%	17.3%	14.4%	7.7%	10.1%

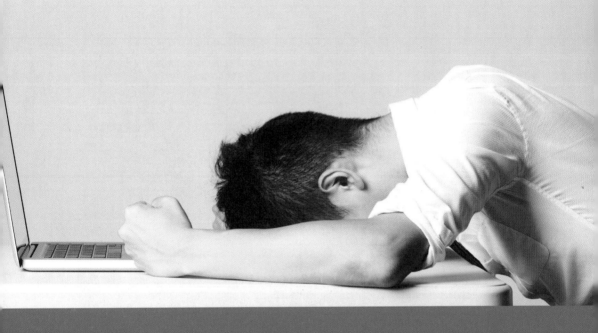

해가 바뀌어도 줄어들지 않는
한국인들의 스트레스。

Happiness
2019 vs. 2018

2019 대한민국, 2018년보다 안녕했을까?

○
●

2019년과 2018년 안녕지수 비교

2019년 대한민국의 행복은 2018년에 비해 어떻게 달라졌을까? 두 해 모두 안녕지수 측정에 참여한 응답자들을 대상으로 행복의 변동 양상을 추적해보았다. 여기에 성과 연령을 구분해 각각의 행복도와 대표 정서를 도출함으로써 더욱 세밀한 분석 또한 시도했다. 과연 대한민국은 더 행복해졌을까?

2019년 대한민국의 행복을 보다 심도 깊게 이해할 수 있는 방법은 2018년의 행복 정도와 비교해보는 것이다. 2018년에 수집된 안녕지수와의 비교를 통해, 2019년 대한민국의 행복이 어떤 방향으로, 얼마만큼 변화했는지 구체적으로 확인해볼 수 있다.

비교에 앞서, 2018년에 수집된 안녕지수에 대해서 간략히 살펴볼 필요가 있다(2018년 자료에 대한 보다 자세한 내용은 2019년에 출간된, 『ABOUT H』에서 확인할 수 있다). 2018년 자료는 응답자 기준으로는 총 104만 3,611명, 응답 건수 기준으로는 227만 675건의 안녕지수를 담고 있다.

2019년 자료에 비해서는 응답자와 응답 건수가 다소 적지만, 여전히 엄청난 규모의 데이터로서 대한민국의 행복 수준을 진단하기에는 최적의 자료라 할 수 있다.

2018년 안녕지수 응답자의 성별과 연령 특성은 2019년 응답자와 전반적으로 유사했다. 2018년 응답자의 성비는 여성이 77.4%, 남성이 22.6%로 여성과 남성의 비율이 약 3:1이었다.

연령별로 보면 20대가 46.5%로 가장 많았고, 30대, 10대, 그리고 40대가 각각 20.3%, 18.8%, 10.4%로 그 뒤를 따랐다. 50대와 60대 이상 응답자의 비율은 3.5%와 0.5%로 여타 연령에 비해 작았다.

2019년, 우리는 더 행복했을까, 덜 행복했을까?

2018년과 2019년의 행복도 비교를 위해, 해당 연도의 수집된 모든 안녕지수 응답들의 평균값을 계산했다. 앞서 소개된 안녕지수가 응답자를 기준으로 계산되었던 것과 달리, 여기에서 제시하는 연도 간 비교는 해당 연도에 수집된 응답 건수, 즉 2018년과 2019년에 각각 수집된 227만 675건과 288만 4,618건 응답들의 평균을 의미한다.

2019년 안녕지수 응답의 평균값은 5.20으로, 2018년 안녕지수 응답의 평균값인 5.28에 비해 0.08 낮은 것으로 확인되었다. 안녕지수의 하위 지표인 삶의 만족, 삶의 의미, 스트레스, 긍정정서, 부정정서 모두에서 2018년과 비교해 2019년의 행복 수준이 떨어졌음을 확인할 수 있다.

구체적으로 살펴보면, 2018년과 비교해 2019년 대한민국의 삶의 만족은 0.08, 삶의 의미는 0.02, 긍정정서는 0.06 낮아졌다. 그에 반해 스트레스와 부정정서는 각각 0.13과 0.11 높아졌다. 긍정적 요소의 감소 폭보다, 부정적 요소의 증가 폭이 더 큰 점이 주목할 만하다.

지금까지 살펴본 결과에 따르면, 2019년 대한민국은 2018년에 비해 조금 덜 행복해졌다고 추측할 수 있다. 하지만 안녕지수 평균값의 단순 비교 결과에만 의존해 2019년 대한민국의 행복도가 2018년에 비해 낮아졌다고 섣부르게 결론 내려서는 안 된다.

2018년과 2019년 안녕지수 자료의 응답자가 서로 완벽히 일치하지 않기 때문에, 두 해의 평균값 차가 2018년과 2019년의 사회·문화·환경적 요인들의 차이에 의한 것인지 아니면 단순히 2018년과 2019년 응답자들의 특성 차이에 의한 것인지 명확하지 않다.

다시 말해 2018년과 비교해 2019년에는 행복도가 유독 낮은 사람들이 더 많이 안녕지수 응답에 참여한 결과 2019년의 행복도가 2018년에 비해 낮게 측정되었을 가능성이 있다.

물론 2018년과 2019년 응답자의 성별, 연령, 거주지 등의 주요 특성이 매우 유사한 점, 그리고 두 해 모두 응답자의 숫자가 100만 명을 넘는 사실을 고려해보면 2018년과 2019년 응답자들이 질적으

2018년 대비 2019년 안녕지수 및 하위 지표 평균값

	2018년	2019년	점수 차
안녕지수	5.28	5.20	-0.08
삶의 만족	5.88	5.80	-0.08
삶의 의미	5.53	5.51	-0.02
스트레스	6.11	6.24	+0.13
긍정정서	5.60	5.54	-0.06
부정정서	4.81	4.92	+0.11

로 다르지는 않을 것이라고 예상해볼 수 있다. 그럼에도 불구하고 2018년과 2019년의 행복 차이를 명확히 알기 위해서는 보다 정교하고 엄밀한 추가 분석이 필요하다.

2018년보다 행복도가 더 낮아진 2019년

2019년과 2018년의 행복도를 정확히 비교하기 위해 **2018년과 2019년 모두 안녕지수 측정에 참여한 응답자들을 따로 선별해, 이들을 대상으로 2018년과 2019년의 행복을 비교해보았다.**

이렇게 하면 2018년과 2019년의 응답자가 완벽히 일치하므로 앞서 언급한 응답자 차이에 따른 문제를 해결할 수 있다. 2018년과 2019년 모두 안녕지수 측정에 참여한 응답자의 수는 35만 7,054명으로 이들의 2018년 응답 횟수는 111만 5,682건, 2019년 응답 횟수는 89만 2,034건이었다.

전체 응답자 중 일부만을 대상으로 분석하는 것 같지만, 그 수가 무려 35만 명 이상이라는 점을 기억해야 한다. UN에서 전 세계 156개국의 행복을 조사하기 위해서 모집하는 인원이 15만 명 정도임을 생각해보면 이 자료가 얼마나 큰 자료인지 알 수 있다.

선별된 응답자들의 남녀 비율은 여성이 81.3%, 남성이 18.7%였고, 연령 분포는 10대, 20대, 30대, 40대, 50대, 60대 이상이 각각 16.8%, 46.5%, 21.4%, 11.3%, 3.5% 그리고 0.5%였다.

2018년과 2019년 모두 안녕지수 측정에 참여한 응답자들을 대상으로 안녕지수를 비교한 결과, 2019년의 안녕지수 평균값은 5.21로 2018년 안녕지수 평균값 5.29에 비해 0.08 낮은 것으로 확인되었다. 이는 앞서 모든 응답자들을 대상으로 비교 분석한 결과와 매우 유사한 수치다. 두 번의 분석 모두에서 2019년 대한민국은 2018년에 비해 다소 불행했다는 수렴적 증거를 찾을 수 있다.

2018년과 2019년의 안녕지수는 주말과 주중만큼의 차이

2018년과 2019년의 안녕지수 차이인 0.08은 작은 수치처럼 보인다. 아마도 누군가는 겨우 그 정도 점수 차를 가지고 2019년과 2018년의 행복 정도가 다르다고 할 수 있냐고 반문할지도 모른다. 물론 2018년과 2019년의 안녕지수 차이가 눈에 띌 만큼 큰 것은 아니지만, 이는 절대 그냥 무시해버릴 차이가 아니다.

2019년 기준으로 주말의 평균 안녕지수는 주중의 평균 안녕지수에 비해 0.07 높다. 이렇게 본다면, 2018년과 2019년 사이에는 최소 주말과 주중만큼의 안녕지수 차이가 존재하는 것이다.

이제 2018년과 2019년 모두 참여한 응답자들을 대상으로 2018년과 2019년의 삶의 만족, 삶의 의미, 스트레스, 긍정정서, 부정정서의 평균값을 비교했다. 그 결과 안녕지수 결과와 같은 양상으로 2019년 대한민국의 삶의 만족, 삶의 의미, 긍정정서는 2018년에 비해 낮았고, 스트레스와 부정정서는 높았다. 특히 부정정서 평균값은 2018년에 비해 1.96%나 증가했다.

2018년 대비 2019년 안녕지수 및 하위 지표의 선별 응답자 평균값

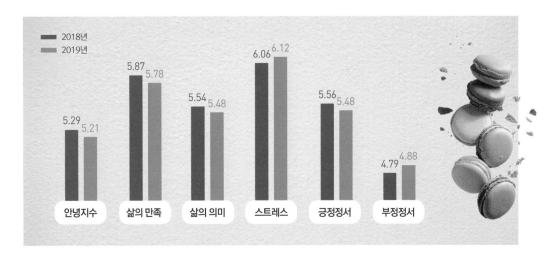

추가로 긍정정서와 부정정서 지표를 구성하는 개별 정서들의 2018년과 2019년 차이 또한 비교했다. 앞선 결과들과 마찬가지로 긍정정서에 해당하는 행복, 즐거움, 평안함의 평균값은 2018년에 비해 2019년에 각각 0.08, 0.10, 0.07 하락한 데 반해, 부정정서에 해당하는 지루함, 짜증, 우울, 불안의 평균값은 각각 0.09, 0.09, 0.07, 0.13 상승한 것을 확인할 수 있었다.

특히 불안 점수의 상승 폭이 눈길을 끄는데, 2018년과 비교했을 때 2019년의 불안 평균값은 2.79%나 상승했다. 이 결과를 바탕으로 2019년 한국인들의 속마음을 대표할 수 있는 정서로 불안을 뽑아볼 수 있을 것이다.

2018년 대비 2019년 개별 정서 평균값 변동률

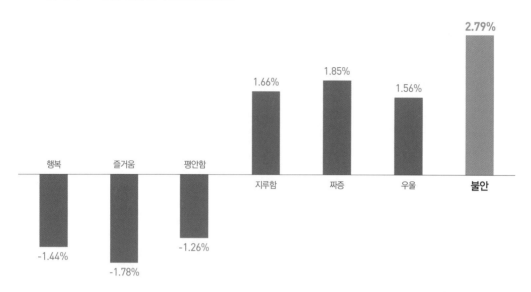

	행복	즐거움	평안함	지루함	짜증	우울	불안
	-1.44%	-1.78%	-1.26%	1.66%	1.85%	1.56%	2.79%

2019년 한국인들의
속마음을 대표하는 정서는
'불안'이다.

2019년의 남녀는
2018년의
남녀보다
행복했을까?

2018 vs. 2019
성별, 연령별 행복 비교

이제 2018년에 비해 낮아진 2019년 대한민국의 행복도를 성과 연령에 따라 구분해 행복의 변동 양상을 살펴보았다. 다시 말해 2019년에 행복 수준의 변동이 크게 일어난 집단이 있는지 조사했다.

성과 연령에 따른 안녕지수 비교는 2018년과 2019년 모두 안녕지수 측정에 참여한 응답자 35만 7,054명을 대상으로 진행했다. 이미 설명한 바와 같이, 이 집단을 이용해 비교하는 것이 2018년 대비 2019년의 행복 변동을 보다 정확하게 보여줄 수 있기 때문이다.

성별에 따른 행복 변동
여성과 남성으로 나누어 2018년과 2019년의 안녕지수 평균값을 각각 비교한 결과, 여성과 남성 모두 2019년의 안녕지수 평균값이 0.08 낮았다. 즉 **남녀 모두 2019년 안녕지수의 하락 폭이 동일했다.**

안녕지수 하위 지표인 삶의 만족, 삶의 의미, 스트레스, 긍정정서, 부정정서에 대해서도 성별로 나누어 2018년과 2019년의 평균값을 비교해보았다. 전반적으로는 남녀 모두 유사한 양상으로 점수가 변동했다. 다만 삶의 의미의 하락 폭이 여성에 비해 남성이 더 컸다.

여성의 경우, 2019년 삶의 의미 하락 정도가 0.96%인데 반해 남성은 1.48%로 그 폭이 상대적으로 컸다. 2019년은 상대적으로 남성에게 삶의 의미를 찾기가 더 어려웠던 한 해였다.

성별 2018년 대비 2019년 안녕지수 및 하위 지표 평균값 변동률

안녕지수 -1.59% / -1.49%
삶의 만족 -1.42% / -1.52%
삶의 의미 -0.96% / -1.48%
스트레스 1.03% / 0.79%
긍정정서 -1.47% / -1.63%
부정정서 2.02% / 1.70%

추가로 긍정정서와 부정정서를 구성하는 개별 정서에 대해 성별에 따른 2019년의 변동률을 분석한 결과, 남녀 모두 2018년과 비교해 긍정정서인 행복, 즐거움, 평안함에서 유사한 정도의 하락 폭을 보인 것을 확인할 수 있었다. 그에 반해 부정정서들에서는 여성의 상승 폭이 남성에 비해 조금 더 컸다.

특히 짜증 정서에서 남녀 간 변동 폭 차이가 컸다. **짜증에 대한 남성의 평균값 상승 폭이 1.35%였던 반면, 여성의 상승 폭은 1.96%였다.** 즉 여성의 경우 2018년보다 2019년에 짜증의 감정을 상대적으로 많이 경험했다.

성별 2018년 대비 2019년 개별 정서 평균값 변동률

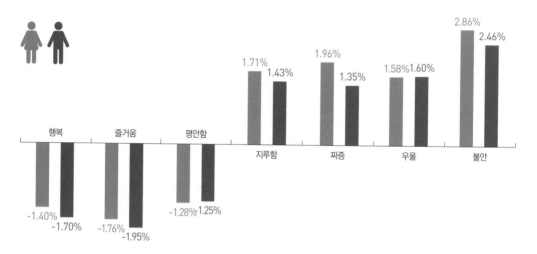

연령에 따른 행복의 변화

다음으로 연령에 따른 2018년 대비 2019년 안녕지수의 변동 방향과 그 정도를 조사했다. 10대에서 60대 이상까지 연령별로 구분해 2018년과 2019년의 안녕지수 평균값을 비교한 결과, **모든 연령에서 안녕지수가 하락했다. 특히 10대의 안녕지수 하락이 가장 도드라지게 나타났다.**

10대의 안녕지수 평균값은 2018년에 비해 0.26 떨어졌다. 이는 전년 대비 4.45%나 낮아졌음을 의미한다. 이에 비해 20대, 30대의 안녕지수의 하락 폭은 0.53%와 0.12%로 변동이 작았다. 10대에게 특히 2019년은 2018년보다 그다지 행복하지 못했음을 알 수 있다.

연령별 2018년 대비 2019년 안녕지수 변동률

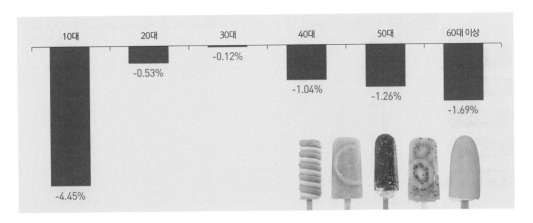

안녕지수 하위 지표인 삶의 만족, 삶의 의미, 스트레스, 긍정정서, 부정정서의 2018년 대비 2019년 평균값 변동도 연령별로 조사했다. 전반적으로 **연령에 관계없이 각 지표 값이 2018년에 비해 2019년에 나빠졌다.** 하지만 앞서 안녕지수 경우처럼, 그 변동 정도에서는 연령에 따른 명확한 차이가 있었다.

10대의 변동 폭이 모든 지표에서 가장 크게 컸다. 10대는 2018년에 비해 2019년에 삶의 만족, 삶의 의미, 긍정정서의 평균값이 3.85%, 4.67%, 4.67% 하락했고, 스트레스와 부정정서 평균값은 2.73%와 6.19% 상승했다.

그에 반해 20대와 30대는 전년 대비 별다른 차이가 없었다. 40대, 50대, 60대 이상에서도 변동 폭이 크지는 않았다. 다만 부정정서는 60대 이상에서 상당한 변동이 있었다. 2018년과 비교해 2019년의 부정정서 평균값이 60대 이상에서는 4.41% 상승했다.

개별 긍정정서와 부정정서들에서도 연령에 따른 변동 폭의 차이가 있었고, 앞선 결과들과 일관되게 10대의 변동 폭이 상대적으로 컸다. 흥미로운 발견은 불안 정서에서 10대의 상승 폭이 유독 크다는 점이다. 10대는 2018년과 비교해 2019년에 9.18% 더 높은 수준의 불안을 경험했다고 볼 수 있다.

앞서 2019년 대한민국을 대표하는 핵심 정서로 불안을 뽑았는데, 불안은 특히 2019년 10대의 마음 상태를 가장 잘 대변해주는 정서였다.

연령별 2018년 대비 2019년 안녕지수 하위 지표 평균값 차이 및 변동률

	10대		20대		30대		40대		50대		60대 이상	
	평균차	변동률	평균차	변동률	평균차	변동률	평균차	변동률	평균차	변동률	평균차	변동률
삶의 만족	-0.25	-3.85%	-0.02	-0.36%	0	0.00%	-0.04	-0.99%	-0.06	-1.27%	-0.08	-1.27%
삶의 의미	-0.28	-4.67%	0	0.00%	0.02	0.37%	-0.03	-1.34%	-0.08	-0.16%	-0.01	-0.16%
스트레스	0.15	2.73%	0.02	0.32%	-0.02	-0.31%	0.05	1.09%	0.06	1.63%	0.08	1.63%
긍정정서	-0.28	-4.67%	-0.03	-0.62%	-0.01	-0.16%	-0.04	-1.10%	-0.06	-0.84%	-0.05	-0.84%
부정정서	0.26	6.19%	0.03	0.65%	0.02	0.33%	0.08	1.81%	0.08	4.41%	0.17	4.41%

연령별 2018년 대비 2019년 개별 정서 평균값 차이 및 변동률

	10대		20대		30대		40대		50대		60대 이상	
	평균차	변동률	평균차	변동률	평균차	변동률	평균차	변동률	평균차	변동률	평균차	변동률
행복	-0.28	-4.42%	-0.03	-0.54%	0	0.00%	-0.05	-0.85%	-0.06	-0.98%	-0.05	-0.80%
즐거움	-0.33	-5.65%	-0.05	-0.97%	-0.01	-0.19%	-0.02	-0.37%	-0.07	-1.25%	-0.04	-0.69%
평안함	-0.25	-4.19%	-0.03	-0.57%	0	0.00%	-0.04	-0.72%	-0.07	-1.17%	-0.07	-1.11%
지루함	0.27	5.83%	0.04	0.74%	0.01	0.19%	0.07	1.41%	0.06	1.30%	0.13	3.06%
짜증	0.17	4.09%	0.03	0.63%	0	0.00%	0.09	1.85%	0.09	2.05%	0.2	5.14%
우울	0.24	5.84%	0	0.00%	0.01	0.21%	0.07	1.54%	0.06	1.44%	0.17	4.57%
불안	0.38	9.18%	0.06	1.19%	0.05	1.01%	0.1	2.17%	0.1	2.38%	0.19	5.08%

마지막으로 성별과 연령을 종합해 2018년 대비 2019년의 안녕지수 변동을 분석했다. 전반적으로 연령에 따른 안녕지수의 변동 폭 변화는 남녀 모두 유사했다. 그런데 예외적으로 60대 이상에서는 남녀의 행복 변동 양상에 차이가 있었다.

60대 이상의 여성은 2018년에 비해 2019년의 안녕지수 평균값이 2.44% 낮아진 데 반해, 60대 이상의 남성은 오히려 0.47% 높아진 것을 확인할 수 있었다. 60대 이상의 남성에게는 2019년이 전년에 비해 아주 조금 더 행복한 한 해였다.

전년 대비 안녕지수가 가장 많이 떨어진 연령 및 성별은 10대 여성과 10대 남성이었다. 이들은 2018년에 비해 안녕지수의 평균값이 각각 4.90%와 3.62% 떨어졌다. 그다음으로는 60대 이상 여성, 50대 남성의 안녕지수 평균값이 2.44%와 2.08% 떨어졌다.

이 결과를 보면 2019년은 10대 남녀와 60대 이상의 여성 그리고 50대 남성에게 유독 힘들었던 한 해였음을 알 수 있다.

지금까지의 조사 결과들을 종합해보면, 2019년은 2018년에 비해 전반적으로 행복도가 낮았다. 그러나 행복의 변동 정도가 모두에게 동일한 것은 아니었다. 성과 연령에 따라 행복 변동 양상에는 유의한 차이가 있었다.

특히 10대의 행복 변동 폭이 여타 연령에 비해 상대적으로 크게 관찰되었다. 2019년 10대의 안녕지수는 2018년에 비해 많이 낮아졌으며, 10대가 경험하는 불안 정서의 정도는 크게 증가했다.

2019년은 10대에게 유독 가혹한 한 해였다. 2019년 대한민국의 어떤 모습이 10대를 불안하게 하고 불행하게 했는지 우리 사회가 함께 고민해보아야 할 것이다.

성별×연령별 2018년 대비 2019년 안녕지수 변동률

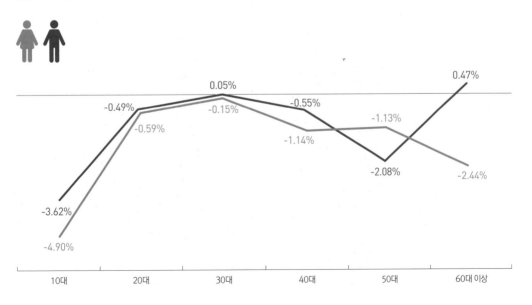

Happiness by Gender & Age

남성과 여성 중 누가,
그리고 어떤 연령이 더 행복했을까?

○
●

성별, 연령별 안녕지수

남성이 더 행복할까, 여성이 더 행복할까? 나이가 들수록 행복은 증가할까, 감소할까? 남녀의 차이는 나이가 들면 사라질까?

지금까지의 연구들은 행복의 남녀 차이에 대해 일관되지 않은 결과를 보여왔다. 어떤 연구에서는 남성이 더 행복한 것으로, 다른 연구에서는 여성이 더 행복한 것으로 밝혀져서 명확한 결론을 내리기가 어려웠다. 본 조사는 응답자의 수가 방대할 뿐만 아니라 매일매일 행복 측정이 이루어졌기 때문에, 남녀 간 행복 차이에 대한 의미 있는 결과를 제시할 수 있다.

안녕지수 프로젝트의 데이터 분석 결과, **남성이 여성에 비해 안녕지수가 높았다.** 남성의 안녕지수 평균값은 5.41, 여성의 평균값은 이보다 낮은 5.13이었다. 안녕지수의 하위 지표에서도 같은 패턴이었다.

긍정적인 심리 경험인 삶의 만족, 삶의 의미, 긍정정서인 행복, 즐거움, 평안함은 남성이 더 높았고, 부정적인 심리 경험인 스트레스와 부정정서인 지루함, 짜증, 우울, 불안은 여성이 높았다.

이 중에서도 **남녀 차이가 큰 것은 우울이었고, 그다음은 불안과 삶의 만족 순이었다.** 이는 여성이 남성보다 우울증을 겪을 확률이 더 높다는 연구 결과와 일치한다(Hyde & Mezulis, 2020).

남녀 중 누가, 어떤 연령이 가장 행복했을까?

성별, 연령별 행복도 차이

성별 안녕지수 및 하위 지표 평균값

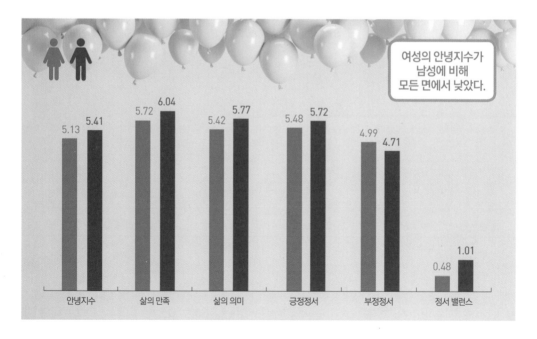

여성의 안녕지수가 남성에 비해 모든 면에서 낮았다.

	안녕지수	삶의 만족	삶의 의미	긍정정서	부정정서	정서 밸런스
여성	5.13	5.72	5.42	5.48	4.99	0.48
남성	5.41	6.04	5.77	5.72	4.71	1.01

그래프에서 볼 수 있듯 안녕지수와 나이 사이에는 U자형 패턴이 발견되었다. 안녕지수는 10대 때 전체 안녕지수 평균값 5.12보다 높다가, 20~30대 때 최저점을 찍은 후 반등하기 시작해 60대 이상에서 최고점을 보였다. 60대 이상은 10대에 느꼈던 행복감의 수준을 다시 되찾는 연령이라고 볼 수 있다.

2019년 안녕지수가 가장 낮은 연령은 20대였다. 연구들마다 행복감이 제일 낮은 연령이 조금씩 다르긴 하지만, 대학교 입학부터 취업 준비를 하고, 일자리 감소와 지나친 경쟁으로 취업의 고배를 자주 마셔야 하는 20대의 현실이 고스란히 드러난 결과라고 볼 수 있다.

연령별 안녕지수

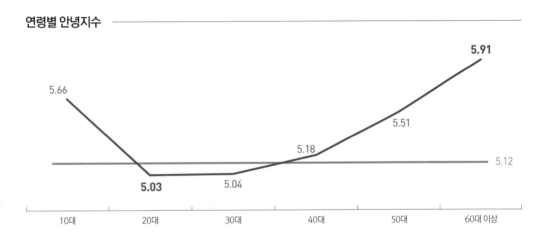

행복을 두고 벌이는 10대와 60대의 경쟁

안녕지수의 하위 지표인 삶의 만족, 삶의 의미, 긍정정서인 행복, 즐거움, 평안함에서도 10대와 60대 이상이 높고 20대는 가장 낮았다. 흥미롭게도 U자형 패턴은 동일했지만 각 항목의 최고점을 두고 10대와 60대 이상의 미묘한 경쟁이 있었다. 삶의 만족, 행복, 즐거움은 10대가 더 높았고, 삶의 의미와 평안함은 60대 이상이 더 높았다.

전체적인 행복 수준에서는 두 세대가 비슷했지만, 10대는 즐겁고 만족스러운 행복을 경험했고, 60대 이상은 의미 있고 평안한 행복을 경험한 것이다.

반대로 부정적인 심리 경험인 스트레스, 부정정서인 지루함, 짜증, 우울, 불안은 나이와의 관계에서 역U자형 패턴이 관찰되었다(부정적 경험이기 때문에 긍정적 경험에서의 U자형 패턴과 동일하다). 20대와 30대가 부정적 심리 경험 1위, 2위를 다투는 가운데 부정적 심리 경험 종류에 따라 양상에 차이가 있었다.

지루함과 불안은 20대가 가장 많이 경험했고, 스트레스, 짜증, 우울은 30대가 가장 많이 경험했다. 우울은 20대도 30대 못지않게 높았다. 부정적 심리 경험의 1위, 2위를 놓고 20~30대의 경쟁이 치열했다면, 60대 이상은 모든 부정적 심리 경험을 제일 낮게 경험하며 안정적으로 부동의 6위 자리를 지켰다.

이처럼 60대 이상은 다른 연령과 비교했을 때 모든 부정적 심리 경험이 가장 낮은 수준이었는데, 이는 10대와 비교했을 때도 압도적으로 낮았다. 이 결과는 60대 이후 사람들은 긍정적 경험을 많이 할뿐만 아니라 부정적 경험도 적게 하는 것으로 해석할 수 있다.

보통 60대에 접어들면 '신체적·인지적 능력의 쇠퇴' '은퇴로 인한 수입의 감소' 등으로 부정정서 경험이 높을 것이라 예상하지만 현실은 그렇지 않았다. 60대 이상의 삶은 평안했고, 지루함, 짜증, 우울, 불안이 적었다.

10대는 삶의 만족에서 60대 이상보다 더 높은 행복을 경험했다. 이는 다른 모든 연령에 비해 아주 높은 수준이었다.

최근 국제 구호 개발 비정부 기구 세이브더칠드런과 서울대학교 사회복지연구소의 '국가 간 아동 청소년 삶의 만족도' 연구 결과에 따르면 대한민국은 22개의 연구 참여 국가 중 19위를 차지했다(이봉주, 2019). 대한민국 10대의 삶의 만족도는 국가 간 비교에서 낮은 순위였지만, 대한민국 내 다른 연령과 비교했을 때는 높았다.

10대 삶의 만족도가 다른 연령에 비해 매우 높은 것은 상대적으로 20~30대의 삶의 만족도가 너무 낮았기 때문일 수 있다. 일반적으로 나이와 행복의 관계가 U자형인데 대한민국은 가운데가 깊이 꺼지는 매우 깊은 U자형이 만들어진 셈이다.

그렇다면 이 결과에 질문이 생길 수 있다. 나이가 들면 저절로 행복해지는 것일까? 아니면 나이가 드는 과정에서 조금 더 행복해지는 법을 배운 것일까? 일부 연구자들은 행복감, 특히 정서적 웰빙이 증가하는 이유를 나이가 들면 부정정서를 전보다 더 잘 다스릴 줄 알게 되고, 부정정서 경험을 자연스럽게 덜 하게 되기 때문이라고 이야기한다(Carstensen, Fung, Charles, 2003).

이번 분석에서 또 다른 흥미로운 결과도 발견되었다. 전반적으로 나이가 들수록 행복이 증가하지만, 사람의 성격에 따라 나이가 들어도 행복하지 않을 수 있다는 것이다. 안녕지수 분석 결과에 따르면 **평소 다른 사람에게 우호적이지 않은 사람의 경우 나이가 들수록 행복감이 더 감소했다.** 아마도 타인에게 관대하지 않은 사람들은 나이가 들수록 주변에 사람들이 줄어들기 때문일 것이다.

부정적인 심리를 다스릴 줄 아는 사람은
더 많은 행복을 경험한다.

앞서 우리는 안녕지수가 성별과 연령별로 다르다는 것을 이야기했다. 남성이 여성보다 조금 더 행복했고 20대 이후부터 행복감이 점차 증가해 60대 이상에 최고의 행복을 경험했다. 그렇다면 연령에 따른 남녀의 행복 차이는 어떨까? 모든 연령에서 남성이 여성보다 행복했는지, 아니면 특정 연령에서만의 현상인지 알아보고자 연령에 따른 남녀의 안녕지수를 분석해보았다.

남성과 여성의
행복은
나이에 따라
어떻게 변할까?

연령별 남녀
행복도 변화

50대에 접어들면 남성보다 여성이 더 행복하다

남녀의 나이에 따른 안녕지수 그래프를 보면, 우선 남성이 여성보다 행복한 것은 주로 10대에서 40대 사이에 국한되는 현상임을 발견할 수 있다. 남녀 간 안녕지수는 10대에서 차이가 가장 컸다가 20대, 30대, 40대를 지나며 그 차이가 줄어든다.

급기야 50대에는 생애 최초로 여성의 안녕지수가 남성을 앞서며 60대에는 모두의 행복이 급상승해 남녀 간 행복의 차이가 사라진다.

그러나 전반적으로 보면 60대에 남녀 차이가 사라지는 것 같지만, 하위 지표를 자세히 보면 남녀 간 미세한 차이가 있다. 60대 여성은 60대 남성보다 삶의 의미와 평안함을 더 많이 느꼈고, 지루함과 짜증을 적게 느꼈다. 행복의 대반전이 일어난 셈이다.

반면 이와 동시에 60대 여성이 60대 남성보다 행복하지 않았던 하위 지표도 있었다. 60대 여성의 즐거움은 60대 남성보다 낮았고, 스트레스는 여전히 높았다.

위의 결과를 종합해보면 행복의 남녀 차이 측면에서 40대는 중요한 균형자 역할을 한다고 볼 수 있다. 10대에서 30대에 이르기까지 남성이 모든 안녕지수 하위 지표에서 높은 점수(부정적 심리 경험은 낮은 점수)를 유지했지만, 40대가 되면서 남녀 차이가 없어지는 행복 요인(삶의 의미, 스트레스, 짜증)이 생겨났다.

50대에는 여성의 안녕지수가
남성을 넘어서며
행복의 대반전이 일어난다.

성별×연령별 안녕지수

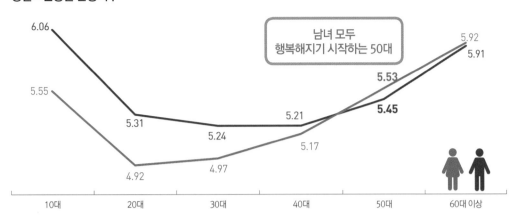

남녀 모두
행복해지기 시작하는 50대

6.06
5.55
5.31
5.24
5.21
5.53
5.45
5.92
5.91
4.92
4.97
5.17

| 10대 | 20대 | 30대 | 40대 | 50대 | 60대 이상 |

여성 40대, 남성 50대부터 시작되는 행복의 오름세

U자형 패턴은 여성보다 남성에게서 더 강하게 나타났다. 그 이유는 남성과 여성 모두 60대 이후에 높은 안녕지수를 유지함과 동시에 10대 남성이 10대 여성에 비해 안녕지수가 월등히 높았기 때문이다.

10대 남녀 간 안녕지수 하위 지표 점수를 비교하면, 10대 남성은 10대 여성보다 정서 밸런스가 유독 높았다. 즉 10대 남성은 10대 여성보다 긍정정서는 많이, 부정정서는 적게 경험한 것이다. 그 뒤를 이어 10대 남녀 간 차이가 많았던 하위 지표는 삶의 의미였다. 10대 남성은 10대 여성보다 삶의 의미를 더 많이 느꼈다.

또한 주목해야 할 부분은 10대 이후 내리막으로 치닫던 안녕지수가 오름세로 돌아서는 '변곡점'이다. 남성은 10대부터 40대까지는 일관되게 하락하다가 50대 때 비로소 반등하고, 여성은 20~30대에 최저점을 찍은 후에 40대부터 반등한다. 특히 30~40대 여성은 삶의 만족이나 긍정정서보다 삶의 의미에서의 반등이 가장 컸다.

연령별 남녀 우울 차이

남녀의 차이가 가장 큰 하위 지표는 부정정서의 하나인 '우울'이었다. 연령별 남녀 차이를 분석 한 결과 우울에서 가장 큰 남녀 차이를 보이는 연령은 30대였으며 그 뒤는 20대와 10대순이었다. 50대와 60대 이상에서 이 차이는 없어지는데, 이 결과는 남녀가 우울증을 겪을 확률이 나이에 따라 다르다는 연구 결과와 일치한다(Albert, 2015).

문헌에 따르면 사춘기 시작 전에는 남성과 여성의 우울증 비율이 비슷하지만, 사춘기가 시작되면서 여성이 우울증과 심리적 문제를 겪을 위험이 남성보다 더 높아졌다가 65세 이후가 되면 남녀의 우울증 발생 비율이 다시 비슷해진다(Bebbington et al., 1998). 특히 14~25세 사이에 여성의 우울증 발병 위험은 남성의 2배다.

안녕지수 하위 지표에 포함되어 있는 "당신은 지금 우울한 감정을 얼마나 느끼고 있습니까?"라는 단일 문항을 이용해 우울증 진단을 내릴 수는 없다. 다만 이 문항에 대한 응답을 기초로 10대부터 60 이상까지의 우울을 비교한 결과가 기존 연구 결과와 비슷하다는 점을 확인할 수 있었다. 20~30대 여성이 성과 연령을 감안했을 때 가장 우울을 강하게 느끼는 것으로 나타났다.

성별×연령별 우울 평균값

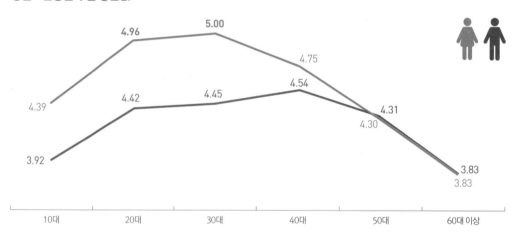

	10대	20대	30대	40대	50대	60대 이상
여성	4.39	4.96	5.00	4.75	4.30	3.83
남성	3.92	4.42	4.45	4.54	4.31	3.83

20~30대 여성이
성과 연령을 통틀어
가장 많이 우울했다.

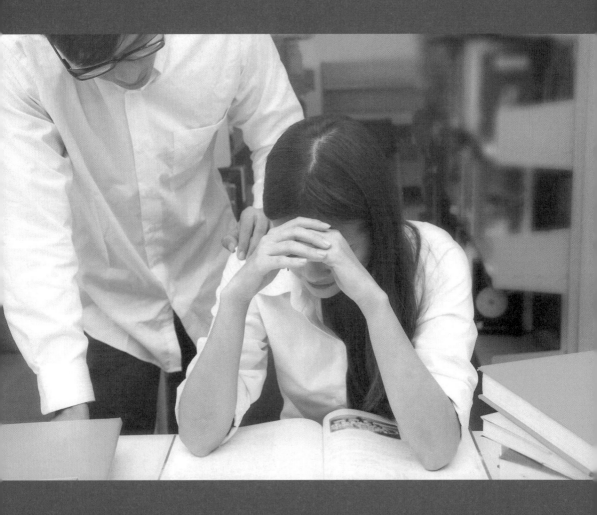

타인에게 관대하지 않은 사람은
결코 더 큰 행복을 경험할 수 없다.

Happiness by Region

행복한 곳에서 살면
나도 행복해질까?

○
●

대한민국 지역별 안녕지수

사는 곳과 행복 사이에는 어떤 관련이 있을까? 좁은 국토와 동질적인 문화를 생각하면 대한민국 내에서는 차이가 그다지 크지 않을 것 같지만, 지역별 행복의 차이는 안녕지수뿐만 아니라 개별 긍정 및 부정적 심리 요인에서도 다른 양상을 보였다. 뿐만 아니라 같은 지역 내에서도 남녀에 따라 각각 달랐다. 응답자들의 거주지에 초점을 맞춰 행복의 정도를 비교해보자.

세종, 제주 '맑음' VS 인천, 전북 '흐림'

해외를 제외한 우리나라의 17개 지역 중 안녕지수가 가장 높은 지역은 세종(5.43)이었다. 세종은 전체 안녕지수뿐 아니라 즐거움을 제외한 개별 긍정적 심리 경험에서 점수가 높았고, 개별 부정적 심리 경험의 점수는 가장 낮았다. 다만 즐거움 경험에서는 제주가 세종보다 조금 높았다. 이로써 세종은 2018년(5.58)에 이어 우리나라에서 안녕지수가 가장 높은 지역이 되었다.

세종의 뒤를 잇는 지역은 제주다. 제주(5.33)는 즐거움을 제외한 안녕지수의 긍정적 심리 경험에서 세종 다음으로 점수가 높았고, 부정적 심리 경험에서도 세종 다음으로 낮았다. 반면에 **안녕지수가 가장 낮은 지역은 인천(5.12)이었으며, 전북(5.13)이 그 뒤를 이었다.** 2019년 한 해 인천 지역 응답자의 삶의 만족도와 평안함은 다른 지역 응답자보다 낮았고, 스트레스와 우울, 불안은 가장 높았다. 또한 전북은 2019년 한 해 동안 우리나라에서 즐거움을 가장 적게 경험한 지역이었다.

이 결과는 각 지역 간 안녕지수 차이를 토대로 분석한 것이므로, 인천과 전북이 제일 행복하지 않다고 일반화할수는 없다. 각 지역 내 하위 구역에 따라 안녕지수에 차이가 있을 수 있기 때문이다. 실제로 데이터 분석 결과 지역 간의 안녕지수 표준편차는 0.04인데 반해, 지역 내 안녕지수 표준편차는 2점대였다.

다시 말해 18개 지역 간 안녕지수 차이는 각 지역 내 안녕지수 차이와 비교할 때 매우 미미한 편이라는 뜻이다. 다만 인천과 전북에 거주하는 사람들의 평균 안녕지수가 다른 지역과 비교했을 때 비교적 낮은 편에 속한다는 점은 주목할 만한 결과다.

서울의 안녕지수는 18개의 지역 중 상위 7위였고, 삶의 만족도와 삶의 의미 경험은 모든 지역에서 3위를 차지했다. 나쁘지 않은 점수였다. 하지만 동시에 **서울 응답자는 인천에 이어서 전 지역 중 두 번째로 높은 불안을 경험했다**고 답했다.

2019년 서울의 안녕지수는 18개 시도 중 7위

지역별 행복 순위를 2018년과 비교했을 때 몇 가지 주요한 변화가 확인되었다. 우선 가장 눈에 띄는 변화는 서울의 약진이다. 2018년 서울은 18개 시도 중 17위였지만 2019년에는 10계단 상승해 7위를 기록했다. 다음으로 대전 또한 작년에 비해 행복 순위가 상승했다. 대전은 2018년 14위에서 2019년에는 10위로 4계단 상승했다.

반면 경북과 전남은 2018년에 비해 행복 순위가 많이 떨어졌다. 경북은 7위에서 16위로, 전남은 8위에서 14위로 떨어졌다.

지역별 안녕지수 및 전년 대비 순위 변동

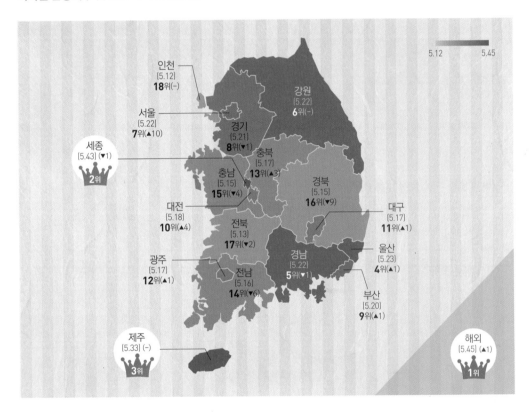

이런 조사 결과는 단순히 지역에 따라 안녕지수 차이가 있음을 보여주는 것일 뿐 거주 지역 자체가 안녕지수의 차이를 가져왔다는 것을 말하는 것은 아니다. 그러므로 단순히 주거지를 다른 곳으로 옮긴다고 해서 안녕지수가 오를 것이라 기대하는 것은 무리다.

2019년 안녕지수 1위는 해외 거주자

흥미롭게도 2019년 안녕지수 1위는 해외 거주자였다. 안녕지수 하위 지표 점수를 전국과 비교할 때 해외 지역 응답자들은 삶의 만족과 행복을 제일 많이 경험했고, 반대로 스트레스, 지루함, 짜증, 우울은 가장 적게 경험했다.

해외 응답자들의 행복이 높은 이유가 이미 행복한 사람들이 해외에 나갔기 때문인지, 아니면 해외에서 살기 때문에 더 행복해진 것인지는 알 수 없다. 다만 자국의 행복 수준이 낮더라도 행복한 나라로 이주한 사람들의 행복이 증가한다는 연구 결과를 감안할 때, 이들의 높은 행복은 이주의 결과라고 추측해볼 수 있다.

주목해야 할 점은 2019년에 해외 거주자들의 즐거움은 세종과 제주보다 낮았고, 불안은 세종과 제주, 경남보다도 높았다는 점이다.

단순히 해외에 살면 무조건 행복하고, 모든 부정적 심리 경험이 줄어들 것이라는 생각에 대한 경종을 울리는 결과다. 자국을 떠나 해외에서 살아가는 삶의 뒤에는 적잖은 불안이 공존한다는 것을 알 수 있다.

남성이 행복한 곳 vs 여성이 행복한 곳

거주지에 따른 행복을 남녀로 구분해 분석해보면 어떨까? 작년 한 해 남성 혹은 여성이 제일 행복했던 지역은 어디였을까? 분석 결과 남성의 안녕지수가 가장 높은 지역은 세종, 여성의 안녕지수가 가장 높은 지역은 해외였다.

반대로 남성의 안녕지수가 가장 낮은 지역은 인천, 여성의 안녕지수가 가장 낮은 지역은 전북이었다. 각 지역의 남녀 안녕지수를 비교할 때 해외를 제외한 모든 지역에서 남성이 여성보다 더 높은 행복을 느낀 것으로 나타났다. 해외에서는 여성의 안녕지수가 남성의 안녕지수보다 조금 높았다.

해외 여성 응답자들이 전국의 여성 응답자들보다도 더 행복했던 것은 남성 중심적인 대한민국 사회를 벗어났기 때문이라고 해석해볼 수 있다. 기억해야 할 점은 해외 여성의 안녕지수가 전국 여성의 안녕지수와 비교했을 때 제일 높았지만, 해외 남성의 안녕지수는 전국 18개 지역 남성의 안녕지수와 비교했을 때는 6위 정도에 해당하는 점수로 아주 높은 점수대는 아니었다는 것이다.

세종은 특별 행정 도시이며 행복한 도시를 정책의 모토로 하고 있다. 최근 발표된 세종 주민 관련 보고서에 따르면 세종 근로자의 31.7%는 일반 민간 기업 상용 근로자이며, 19.3%는 공무원, 공공기관 상용 근로자였다(세종포스트, 2018). 세종 근로자의 약 51%가 안정된 직장에서 일하는 점을 미루어 보아 세종 남성의 높은 행복감은 안정된 일터에서 상당히 비롯되었다고 추측해볼 수 있다.

지역별×성별 안녕지수

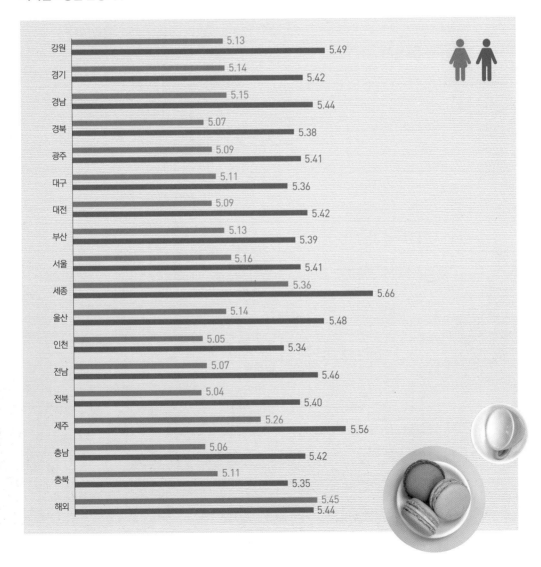

지역	여성	남성
강원	5.13	5.49
경기	5.14	5.42
경남	5.15	5.44
경북	5.07	5.38
광주	5.09	5.41
대구	5.11	5.36
대전	5.09	5.42
부산	5.13	5.39
서울	5.16	5.41
세종	5.36	5.66
울산	5.14	5.48
인천	5.05	5.34
전남	5.07	5.46
전북	5.04	5.40
제주	5.26	5.56
충남	5.06	5.42
충북	5.11	5.35
해외	5.45	5.44

The Happiest Months of the Year

열두 달 중
언제 더 행복했을까?

○
●

월별 안녕지수

한 해 중 가장 행복한 달은 언제이고, 가장 우울한 달은 언제일까? 2019년 안녕지수 평균 대비 점수가 더 낮거나 높았던 달에는
어떤 사회적 사건 사고가 있었을까? 2018년과 비교를 통해 지난 열두 달을 돌아본다.

2019년 중 한국인이 가장 행복했던 달은 언제였을까? 매년 찾아오는 명절과 수능, 예상치 않게 벌어진 각종 사건 사고가 있었던 달의 안녕지수가 궁금하다. 이를 알아보기 위해 안녕지수를 월별로 나누어 분석해보았다.

분석 결과 한국인들이 가장 높은 안녕지수를 보인 달은 9월(5.35)이며 그 뒤로 2월(5.29)이 2위를 차지했다. 가장 낮은 안녕지수를 보인 달은 11월(5.08)이었고, 6월(5.10)이 2위를 차지했다. 가장 행복했던 9월과 가장 행복하지 않았던 11월 간의 안녕지수 차이는 0.27이었고, 9월과 비교해 11월 대한민국의 안녕지수는 약 5% 정도 낮은 것으로 확인되었다.

안녕지수 하위 지표를 보면 9월은 삶의 만족, 삶의 의미, 모든 긍정정서가 가장 높은 달이었고, 2월은 긍정적 심리 경험은 보통 수준이었지만 1년 중 부정정서가 가장 낮은 달이었다. 반대로 6월과 11월은 삶의 만족도가 가장 낮았고, 11월에는 삶의 의미와 긍정정서 경험도 가장 낮았다.

월별 안녕지수

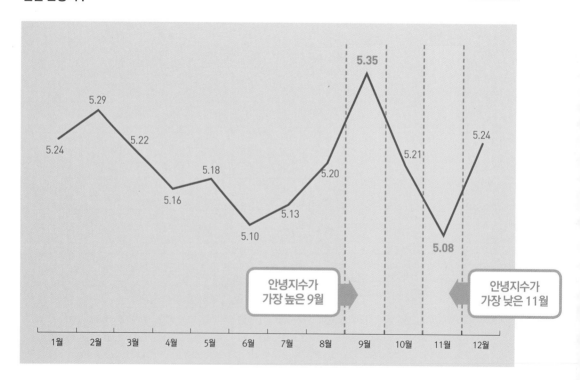

2019년
열두 달 중
언제 더
행복했을까?

2018 vs 2019
월별 안녕지수 비교

이번에는 2018년과 2019년의 안녕지수를 월별로 비교해보았다. 월별 점수 비교를 통해 2019년 한 해 동안의 행복 변화 양상을 보다 잘 이해할 수 있을 뿐 아니라, 2019년 대한민국을 떠들썩하게 만들었던 주요한 사회 및 문화적 사건 사고들이 사람들의 행복에 미친 영향도 가늠해볼 수 있다.

2018년과 2019년 월별 안녕지수의 정확한 비교를 위해, 2018년과 2019년에 동일한 달에 안녕지수에 참여한 응답자들을 따로 선별해 분석을 진행했다. 예를 들어 1월 비교에는 2018년 1월과 2019년 1월에 모두 안녕지수 측정에 참여한 응답자들의 결과만이 포함되었다.

이를 토대로 2018년과 2019년의 월별 안녕지수 변동 추이 분석 결과를 정리해보면 다음 그래프와 같다. 해당 그래프에서 가장 먼저 눈에 띄는 부분은 9월 한 달을 제외하고는 2019년의 안녕지수 평균 선이 2018년 안녕지수 평균 선보다 아래에 자리하고 있다는 점이다. 이는 2019년 대한민국의 행복 정도가 2018년에 비해, 9월을 제외한 한 해 내내 전반적으로 낮았음을 의미한다.

다시 말해 2018년과 2019년의 대한민국 안녕지수 평균값의 차이는 2019년 특정 기간 동안의 행복 폭락에 따른 것이 아닌, 2019년 한 해 동안 지속적으로 이어진 행복 하락에 따른 결과라고 할 수 있다.

월별 2018년 대비 2019년 안녕지수

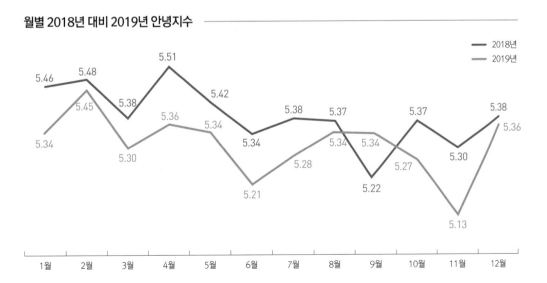

안녕지수 차이가 월별로 다른 이유

다음으로 그래프에서 주목해야 할 부분은 2018년과 2019년의 안녕지수 차이가 월별로 상이하다는 점이다. 2018년과 2019년의 행복 차이는 한 해 동안 동일한 정도로 유지된 것이 아니라, 몇 차례 유의한 변동이 특정 시기에 나타난 형태였다. 2019년 4월과 11월은 2018년 같은 기간에 비해 안녕지수가 상대적으로 매우 낮았던 것으로 나타났다. 반면에 2019년 9월은 유일하게 2018년 9월보다 안녕지수 평균값이 높았다.

도대체 무슨 이유에서 2019년 4월과 11월은 2018년과 비교해 안녕지수가 유독 낮았고, 9월만 유난히 높았을까? 이 질문에 답을 얻기 위해서는 먼저 해당 기간 동안의 안녕지수 격차가 2018년과 2019년 중 어떤 해의 안녕지수에 기인하는지 확인해야 한다.

예를 들어 4월에 관찰되는 안녕지수의 큰 점수 차이가 2019년 4월의 안녕지수가 유독 낮아서 나타난 것인지, 아니면 2018년 4월의 안녕지수가 유독 높아서 나타난 것인지 구분해야 한다. 이를 위해 2018년과 2019년의 월별 안녕지수 평균 대비 편차를 계산했다.

월별 2018년 대비 2019년 안녕지수 변동률

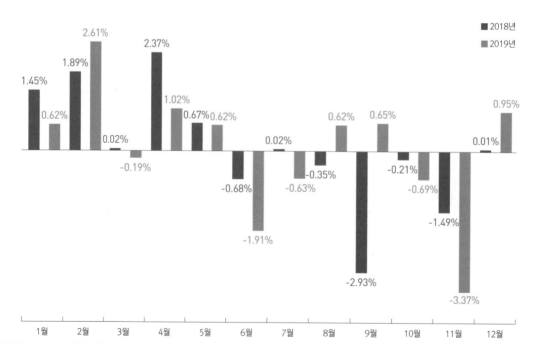

2018년과 2019년의 월별 안녕지수와 당해 안녕지수 평균값 간의 차이를 자세히 살펴보면, 다음의 흥미로운 결과들을 발견할 수 있다.

첫째, 2019년 4월의 안녕지수가 2018년 같은 기간의 안녕지수에 비해 크게 낮은 것은 2019년 4월 대한민국의 안녕지수가 평소보다 낮았기 때문이 아니라, 2018년 4월의 안녕지수가 유독 높았기 때문이다. 2019년 4월 안녕지수는 2019년 당해 평균에 비해 1.02% 높았지만, 2018년 4월 안녕지수가 당해 평균보다 2.37%나 높아 서로 간의 점수 차이가 컸다.

그렇다면 2018년 4월의 안녕지수는 왜 이토록 높았던 것일까? 다양한 이유가 있겠지만, 가장 눈에 띄는 것은 1차 남북 정상회담이 2018년 4월에 열렸다는 점이다. 2018년 연초 남북 간의 일촉즉발 긴장감이 평창 올림픽을 계기로 누그러졌고, 이런 남북 화해 분위기는 2018년 4월 남북 정상회담 개최를 통해 절정에 이르렀다. 이런 평화의 분위기가 2018년 4월 대한민국의 행복 수준을 높인 것이 아닌가 예상해본다.

둘째, 11월의 안녕지수 격차는 2019년 11월 안녕지수가 큰 폭으로 하락했기 때문이다. 2018년 11월의 안녕지수는 당해 평균 대비 1.49% 낮은 데 반해, 2019년 11월의 안녕지수는 당해 평균보다 3.37%나 낮게 나타났다. 2018년과 2019년을 통틀어 2019년 11월의 당해 평균 대비 안녕지수 하락 폭이 가장 큰 것을 확인할 수 있었다.

2019년 11월 한 달 동안 한국인들의 행복감이 폭락한 이유를 찾기 위해, 일차적으로 2019년 11월에 발생한 사회·정치·경제·문화 분야의 사건들을 면밀히 검토했다. 주요 일간지 1면 기사 제목을 중심으로 11월의 주요한 사건들을 분석해보았지만, 대한민국의 행복감을 약 3% 넘게 떨어뜨릴 만한 큰 사건 사고는 발견되지 않았다.

이에 주요 포털 사이트 온라인 검색어 빈도를 조사했다. 각 시기의 주요 온라인 검색어는 해당 시점에 우리 사회의 전반적인 모습과 분위기를 이해하는 데 유용한 단초를 제공해준다. 검색어 중, 11월에 여타 기간에 비해 검색 빈도가 많았던 단어는 '부동산'과 '집값'이었다. 두 단어는 부동산 대책이 발표된 12월을 제외하고는 2019년 한 해 동안 11월에 가장 많이 검색되었다.

이는 2019년 대한민국 사회를 뜨겁게 달구었던 부동산 열풍이 11월에 정점을 찍었음을 보여주는 증거라 할 수 있다. 2019년 11월 절정을 이루었던 부동산 열풍이 사람들의 행복에 부정적 영향을 미쳤는지는 단정할 수 없다.

그러나 11월 한 달 동안 우리 사회를 가득 채웠던 부동산에 대한 수많은 이야기들은 대부분의 서민들에게 상대적 박탈감과 불안을 경험하게 했고, 이것이 안녕지수 하락으로 이어진 것이라는 가설을 세워볼 수 있을 것이다.

셋째, 9월에 관찰된 2018년과 2019년의 패턴은 2019년 9월의 안녕지수가 상승해서 나타난 결과라기보다는 2018년 9월의 안녕지수가 큰 폭으로 하락해 나타난 모습이라고 할 수 있다.

앞서 그래프에서 확인할 수 있는 것처럼 2018년 9월은 2018년 중 행복감이 가장 낮았던 한 달이었다. 2018년 9월의 낮은 행복감에는 9·13 부동산 대책이 한몫 했을 것으로 예상해볼 수 있다. 9월 13일 대책이 발표된 당일의 안녕지수는 4.75로, 이는 보통의 목요일 안녕지수 평균에 비해 약 9%나 낮은 값이다.

정치적·사회적 올바름과 별개로 2018년 9월 정부의 부동산 대책은 최소한 일시적 수준에서는 대한민국의 행복을 떨어뜨리는 계기가 된 것으로 보인다.

부동산 대책은
경제적 영역을 넘어
행복의 지표에도
영향을 준다。

개인의 행복은 그가 속한 사회와
영향을 주고 받는다.
행복은 한 사회를 측정하는 객관적 지표다。

The Happiest Days of the Week

어떤 요일, 어떤 시간에
더 행복했을까?

○
●

요일별, 시간대별 안녕지수

일주일 중에 가장 행복한 날은 언제이고, 가장 우울한 날은 언제일까? 흔히들 말하는 월요병은 실제로 존재할까, 아니면 뜻밖의 '우울한 날'이 있을까? 하루 중 가장 행복한 시간은 언제일까? 요일, 시간에 따른 행복의 차이를 알아본다.

2019년 한국인은 일주일 중 어느 요일에 가장 행복했을까? 반대로 어느 요일에 행복이 가장 낮았을까? '월요병' '불금'과 같이 특정 요일에 사람의 심리 상태를 녹여낸 용어들처럼 2019년 한국인들은 월요일에 행복감이 낮고 금요일에 높았을까? 주말은 주중보다 더 행복했을까?

'불금' 없고 '월요병' 있다

2019년 한 해 동안 각 요일별 안녕지수 평균값을 비교한 결과, **놀랍게도 금요일(5.12)에 안녕지수가 제일 낮았다.** 금요일에는 삶의 만족, 삶의 의미, 행복과 평안함이 다른 요일과 비교했을 때 제일 낮았다.

이는 '불금'으로 지칭되는 금요일의 행복 신화와는 반대되는 결과였다. 요일 간 평균 비교를 통해 구해진 결과가 보통의 상식과 완전히 다른 놀라운 것이기에, 보다 정확한 분석을 위해 추가 통계 검증을 실시해보았다.

혹시라도 여타 요일과 비교해 금요일에 유독 불행한 사람들이 카카오 마음날씨에 접속해 안녕지수에 응답한 결과, 마치 금요일이 불행한 요일로 잘못 나타났을 가능성도 배제할 수 없기 때문이다. 따라서 이런 응답자 선택의 문제를 수리적으로 통제할 수 있는 다층 분석 모형 기법을 활용해 다시 한번 요일 간 안녕지수를 분석했다.

요일별 안녕지수

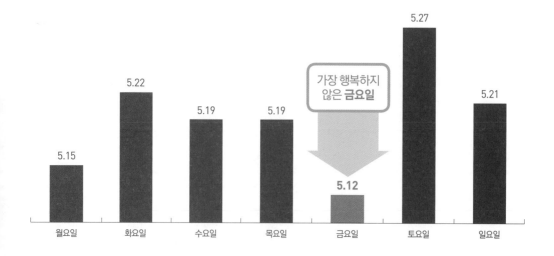

그 결과 다층 분석에서도 일주일 중 금요일이 되었을 때 사람들이 가장 낮은 행복을 경험하는 것으로 나타났다. 금요일에 불행한 사람들이 더 많이 안녕지수에 응답할 수 있다는 가능성, 즉 응답자 선택의 문제를 완전히 배제한 후에도 여전히 금요일이 가장 불행한 요일로 나타난 것이다.

그렇다면 금요일에 사람들은 왜 기대와 달리, 낮은 행복을 경험하는 것일까? 금요일과 여타 평일인 월요일부터 목요일의 안녕지수를 시간대별로 비교한 결과에서 그 이유를 찾아볼 수 있었다. 다음 그래프에서 확인할 수 있는 것처럼 **금요일의 안녕지수는 여타 평일과 비교해 오후 6시에서 7시 사이에 큰 폭으로 하락한다.**

금요일 대비 여타 평일의 시간대별 안녕지수

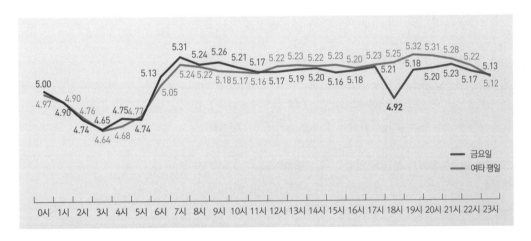

해당 시간이 회사나 학교에서 일과가 마무리되는 시간대임을 생각해보면, 사람들은 월요일부터 금요일까지 쉼 없이 일상의 업무와 공부에 매달리다 금요일 저녁 6시가 되면 심리적 탈진burn out을 경험하는 것으로 예상해볼 수 있다. 사람들은 으레 금요일을 주중의 열심과 긴장을 늦추고 한 주를 뒤돌아보며 피로를 풀고 쾌락적 또는 심리적 행복감을 되찾는 날이라 생각한다.

그러나 조사된 현실은 달랐다. 사람들은 금요일에 월요일보다 행복하지 않은 하루를 보냈다. 일주일 내내 축적된 스트레스와 피로에 더해 기대와 달리 금요일을 즐기지 못하면서 갖게 되는 실망감 등이 뒤섞여 금요일은 일주일 중 가장 행복하지 않은 요일이 된 것이라고 생각해볼 수 있다.

월요일(5.15)은 금요일 다음으로 행복감이 낮은 요일이었다. 특히 월요일은 일주일 중 즐거움이 제일 낮은 것으로 나타났다. 월요병의 존재를 알리는 결과였다.

안녕지수 하위 지표들에서도 흥미로운 점을 발견할 수 있었다. 모든 부정정서, 즉 지루함, 짜증, 우울, 불안과 스트레스는 금요일에 제일 높았는데, 부정정서 경험의 2위 자리를 두고 월요일과 목요일 사이 경쟁이 있었다. 우울과 불안은 월요일이 금요일 뒤를 이었고, 스트레스와 지루함, 짜증은 목요일이 금요일 뒤를 이었다.

주말을 보내고 한 주를 시작하는 월요일에 사람들은 높은 자극의 부정적 감정보다는 우울과 불안 같은 낮은 자극의 부정정서를 더 느꼈을 것으로 보인다.

반면 한 주의 중반을 달리는 목요일에는 바쁜 업무와 삶의 과업으로 유발되는 스트레스와 짜증과 같은 높은 자극의 부정정서를 느끼기 쉬웠을 것이다. 뿐만 아니라 목요일에는 월요일부터 반복되는 업무와 생활로 지루함도 많이 경험했을 것이라고 추측해볼 수 있다.

2019년 한국인들에게 불금은 없었고, 월요병만 있었다. 앞서 정서 밸런스 점수가 마이너스로 불쾌했던, 2019년의 6일 중 3일도 월요일이었다.

요일별 스트레스 지수

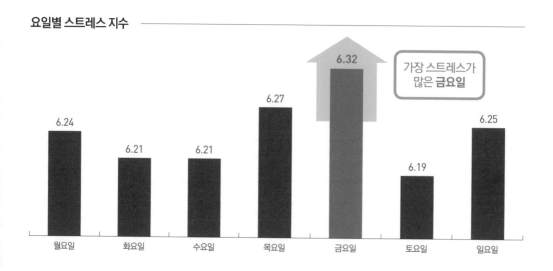

가장 행복한 토요일

일주일 중 가장 행복한 요일은 토요일(5.27)이었다. 특히 토요일은 정서적 측면의 행복에서 단연코 1위를 차지했다. 토요일에는 모든 긍정정서 경험이 많았고, 모든 부정정서 경험이 적었다. 즉 정서 밸런스가 다른 요일에 비해 월등히 높았다.

흥미롭게도 토요일은 긍정정서가 높았을(부정정서가 낮았을) 뿐만 아니라 삶의 의미 점수도 다른 요일과 비교했을 때 가장 높았다. 사람들은 토요일과 같은 달콤한 휴일에 삶의 의미를 더 많이 경험하고 있었다. 2019년의 토요일은 행복했고 의미가 있는 요일이었다.

우울한 일요일

안녕지수는 주말(5.24)이 주중(5.18)보다 높았다. 하지만 흥미롭게도 주말인 토요일과 일요일의 행복 패턴은 매우 달랐다. 토요일(5.27)은 일요일(5.21)과 주중의 평균(5.18)보다 안녕지수가 높았다.

일요일(5.21)도 주중의 평균(5.18)보다 높았지만 안녕지수 하위 지표를 살펴보니 주중과 비슷한 수준으로 경험한 항목들이 있었다. 일요일에는 주중과 거의 비슷한 수준으로 삶의 만족과 삶의 의미를 경험했다. 흥미롭게도 **스트레스와 우울 점수는 일요일이 주중보다 조금 높았고**, 불안은 주중이 조금 높았다(다만, 통계적으로 유의미하지 않은 차이였다).

월요일에 대한 부담 때문인지 같은 주말임에도 불구하고 토요일의 높은 행복은 일요일까지 이어지지 않았다. 일요일은 주중 같은 주말이었다.

가장 행복하고
의미있는 토요일
주중보다
더 우울한 일요일。

요일별 긍정정서 및 부정정서 지수

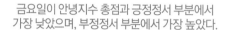

금요일이 안녕지수 총점과 긍정정서 부분에서
가장 낮았으며, 부정정서 부분에서 가장 높았다.

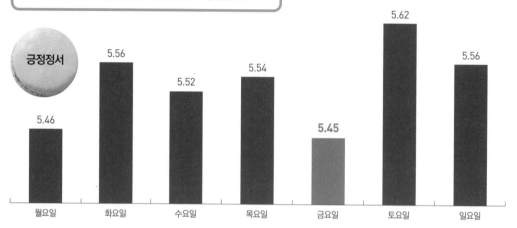

긍정정서

5.46	5.56	5.52	5.54	**5.45**	5.62	5.56
월요일	화요일	수요일	목요일	금요일	토요일	일요일

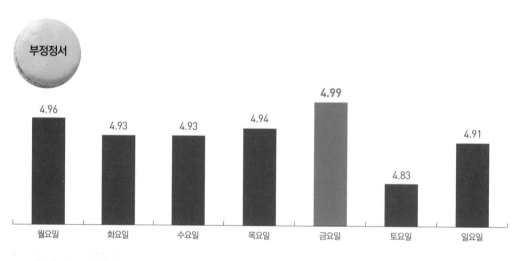

부정정서

4.96	4.93	4.93	4.94	**4.99**	4.83	4.91
월요일	화요일	수요일	목요일	금요일	토요일	일요일

불금은 더 이상 없었다.
일주일 내내 축적된 피로와 스트레스로
금요일에 번 아웃을 경험한 것이다.
이어진 토요일과의 행복 차이는 연속하는
다른 어떤 두 요일들의 차이보다 크게 나타났다.

**60대의 주말은
눈부셨고,
10대의 주말은
주중보다 못했다**

연령별 요일 효과의
새로운 발견

앞서 살펴본 요일별 안녕지수 차이가 모든 연령에게서 동일하게 나타나는지, 연령별로 다른 패턴을 보이는지 알기 위해 요일 효과를 연령별로 나누어 분석했다.

다음 그래프는 해당 요일의 연령별 안녕지수와 연령별 평균 안녕지수의 차이를 나타낸 것이다. 0점 아래 마이너스로 그래프가 내려가 있으면 해당 요일은 일주일 평균 안녕지수보다 낮은 점수를 보인 요일이며, 0점 위 플러스로 그래프가 올라가 있으면 일주일 평균보다 행복한 요일이었다는 뜻이다. 또한 그래프가 0점으로부터 멀리 떨어져 있을수록 요일 효과가 강하게 나타난 것으로 해석할 수 있다.

연령별 안녕지수 평균값 대비 연령별×요일별 안녕지수 편차

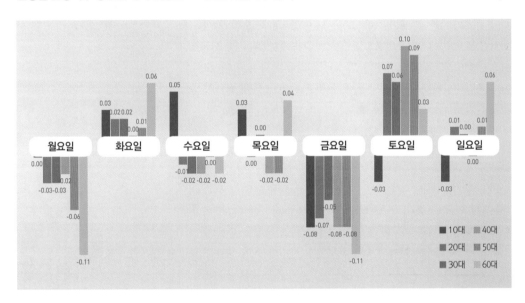

첫째, 월요일과 금요일은 모든 연령이 각 연령의 평균보다도 낮은 행복을 경험했다. 월요병과 금요일 행복 추락은 모든 세대에 적용되는 것이었다. 반대로 화요일은 모든 연령이 평균 이상의 행복을 경험한 요일이었으며 토요일도 10대를 제외하고 모든 연령이 평균 이상의 행복을 경험했다.

화요일 행복 증가에 이어 수요일에서 목요일에 이르기까지 해당 연령의 평균 안녕지수보다 높은 행복을 경험한 것은 10대뿐이었다.

즉 화요일부터 목요일까지 10대는 본인 연령의 평균보다 높은 행복을 경험했다. 목요일에는 수요일보다 안녕지수가 다소 감소했지만 이 점수 역시 10대의 평소 안녕지수보다 높은 점수였다.

의외의 결과였다. 학업 스트레스와 입시 준비로 평소보다 낮은 행복 속에 학교 생활을 할 것이라 예상했지만 10대는 월요일을 제외하고 화요일부터 목요일까지 평균 이상의 행복 속에 살고 있었다.

이는 수요일과 목요일에 평소보다 낮은 행복감을 경험하는 다른 연령과 대조되는 결과다. 10대는 학교 시간표에 따라 하루 일과를 안정적으로 보내기 때문에 예측 불허한 사회생활을 하는 성인들보다는 행복한 주간을 보낸 것으로 추측해볼 수 있다.

둘째, 토요일과 일요일 사이의 행복 감소는 60대 이상을 제외한 모든 연령에서 나타났다.(다만, 10대는 0.001점이 증가했다). 오직 60대 이상만이 토요일보다 일요일에 더 높은 안녕지수를 보여주었다. 사실 금요일에서 토요일에 60대 이상의 행복 증가율은 나머지 20~50대의 행복 증가율보다 작았지만, 일요일에는 60대만 행복 경험이 증가한 것이다.

또 다른 흥미로운 점은 10대가 토요일과 일요일 이틀간 일주일 평균 안녕지수보다 낮은 점수를 나타낸 것이다. 객관적 안녕지수를 놓고 비교할 때 10대의 점수가 20~50대보다 높은 것은 사실이나, 10대는 일주일 중 주말에 주중보다도 낮은 행복을 경험했다는 뜻이다. 주중에 쌓인 학업의 피로를 주말의 여유와 여가 생활을 통해 풀어야 하지만, 주말까지 이어지는 학업 탓인지 아니면 취미 생활을 할 기회가 부족한 탓인지 10대의 주말은 주중보다 행복하지 않았다.

지금까지 각 연령의 요일별 안녕지수가 평소 안녕지수보다 높은지 낮은지에 대해 살펴보았다면 이번에는 연령에 따른 요일별 안녕지수 변동 폭을 분석해보았다. 연령을 10~20대, 30~40대, 50~60대 세 그룹으로 나누어 연령 및 요일별 안녕지수 변동 폭을 비교해본 결과, 모든 연령에서 금요일~토요일 구간에 가장 큰 변화를 경험했다. 금요일에 안녕지수가 제일 낮았고, 토요일에 제일 높았다.

연령별×요일별 안녕지수 변동 폭

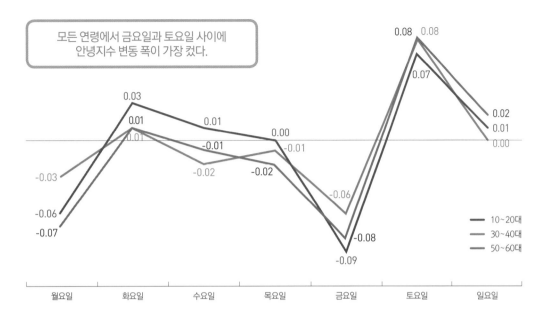

모든 연령에서 금요일과 토요일 사이에
안녕지수 변동 폭이 가장 컸다.

0.08   0.08

0.07

0.03

0.01
0.01   0.01

0.00   0.02
                    0.01
-0.01   0.00
-0.03   -0.02
        -0.02
    -0.01
-0.06   -0.06
-0.07

-0.08

-0.09

10~20대
30~40대
50~60대

월요일   화요일   수요일   목요일   금요일   토요일   일요일

각 연령별 행복은 일주일 동안 전반적으로 다르게 흘러간다. 하지만 7일 중 월요일, 화요일, 금요일 3일간 전 세대가 동일하게 연령별 일주일 평균보다 높거나 혹은 낮은 행복을 경험했다는 것이 인상적이다. 이날에는 행복의 요일 효과가 연령에 상관없이 존재함을 보여주는 대목이다.

10대 요일별 안녕지수

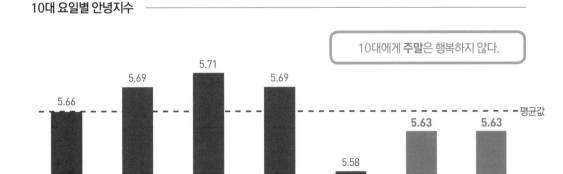

10대에게 **주말**은 행복하지 않다.

5.66   5.69   5.71   5.69   5.63   5.63

                            5.58

평균값

월요일   화요일   수요일   목요일   금요일   토요일   일요일

60대 이상 요일별 안녕지수

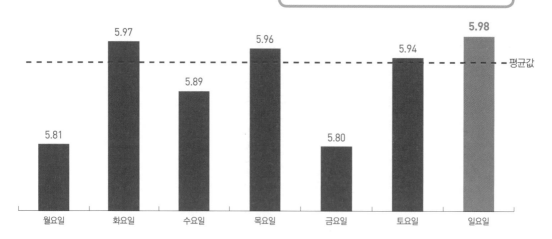

60대 이상에게 **일요일**은 가장 행복한 날이다.

5.81	5.97	5.89	5.96	5.80	5.94	**5.98**
월요일	화요일	수요일	목요일	금요일	토요일	일요일

평균값

일주일의 행복은
모두 다르게 흘러간다。

공휴일이라고 다 행복한 것은 아니다

평일과 공휴일 안녕지수 비교

2019년 공휴일의 안녕지수 평균값을 평일과 주말의 평균값과 비교해 공휴일의 행복이 높은지 확인해보았다. 그 결과 공휴일의 행복은 주말의 행복 수준과 비슷했고, 평일보다는 더 높은 것으로 나타났다.

흥미로운 것은 공휴일 간에도 큰 차이가 있었다는 점이다. 총 13일의 공휴일(일반적인 주말은 제외) 중 9일은 평일보다 안녕지수가 높았으나, 나머지 4일은 도리어 평일보다 낮았다. 평일보다 행복하지 않은 공휴일은 광복절, 현충일, 한글날, 크리스마스였다.

평일과 공휴일의 안녕지수 비교

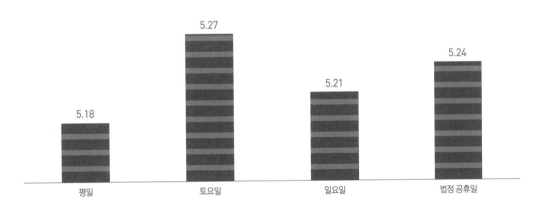

2019년 가장 행복했던 휴일과 가장 덜 행복했던 휴일

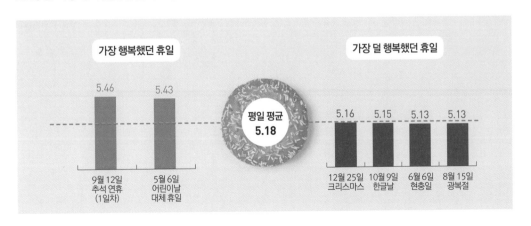

2019년에 가장 행복했던 공휴일은 추석 첫 번째 연휴인 목요일이었으며, 가장 행복하지 않았던 공휴일은 광복절과 현충일이었다. 2019년의 추석 연휴는 일요일까지 합해 총 4일이었다. 반면 광복절과 현충일은 주중의 섬과 같은 공휴일이었다.

다음과 같이 안녕지수 상위 5개의 공휴일은 주말과 맞닿아 있어서 연속 휴일이 가능한 날들이었다. 반대로 하위 5개의 공휴일은 화요일, 수요일, 목요일처럼 섬 같은 공휴일이었다. 2019년은 여느 해보다 공휴일이 적었다. 휴식에 대한 높은 욕구 속에서 평일 중간에 하루 쉬는 것은 사람들에게 큰 행복을 가져다 주지 못한 것으로 보인다.

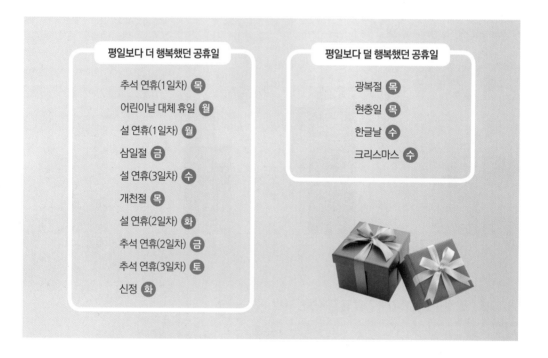

오늘 하루는 모두에게 주어지지만
같은 하루는 단 하나도 없다。

하루 중 언제 가장 행복하고 가장 불행했을까?

시간대별 안녕지수 변화

하루 중 사람들이 가장 행복했던 시간대는 낮 12시에서 12시 59분 사이였다. 반대로 밤 12시부터 5시 59분 사이에 응답한 사람들의 안녕지수는 4점대로 매우 낮았으며 새벽 3시에서 3시 59분의 행복 수준이 가장 낮았다.

수면 시간의 부족 때문에 행복감이 낮은 것인지 행복감이 낮은 사람들이 그 시간까지 잠을 자지 못하고 조사에 참여한 것인지 현재 조사만으로는 알 수 없다. 추후 조사를 통해 인과관계를 밝혀야 하지만 이 결과는 수면의 질이 낮을수록 행복감이 낮다는 기존 연구 결과의 한 부분을 보여준다.

하루 일과를 심야/새벽(00:00~05:59), 아침(6:00~8:59), 오전(9:00~ 11:59), 점심(12:00~14:59), 오후(15:00~17:59), 저녁(18:00~20:59), 밤 (21:00~23:59) 7개의 시간대로 구분해 안녕지수를 비교해보았다.

앞서 언급한 바와 같이 심야/새벽의 안녕지수가 여타 시간대에 비해 매우 낮다는 점을 확인할 수 있다. 여타 시간대의 안녕지수가 5.12~5.28인데 반해 심야/새벽의 안녕지수는 4.87로 5점에도 미치지 못했다. 아침부터 밤(6:00~23:59)사이의 변화를 보면 점심과 퇴근 때 정점을 찍고 행복 수준이 점점 낮아지는 패턴을 확인할 수 있다.

하루 24시간 동안의 안녕지수

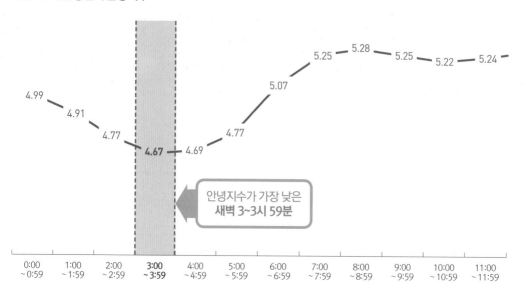

안녕지수가 가장 낮은 새벽 3~3시 59분

시간대별 안녕지수

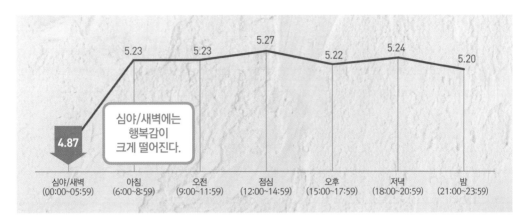

한편 나이가 들면 기상 시간이 빨라지므로, 나이가 많은 사람의 경우 새벽의 안녕지수가 다른 연령보다 높지 않을까? 이를 알아보기 위해 연령을 10~20대, 30~40대, 50~60대 세 그룹으로 나누어 연령 및 시간대별 안녕지수 변화를 확인해보았다.

그 결과 모든 시간대에서 50~60대의 안녕지수가 제일 높았고, 10~20대와 30~40대가 그 뒤를 이었다. 그렇다면 시간대에 따라 각 연령의 평균 안녕지수와 비교해 가장 큰 변화를 보인 그룹은 누구일까?

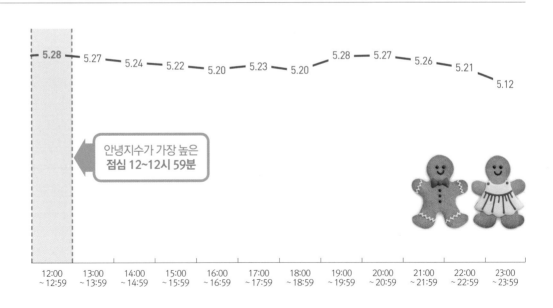

연령별×시간대별 안녕지수 변동 폭

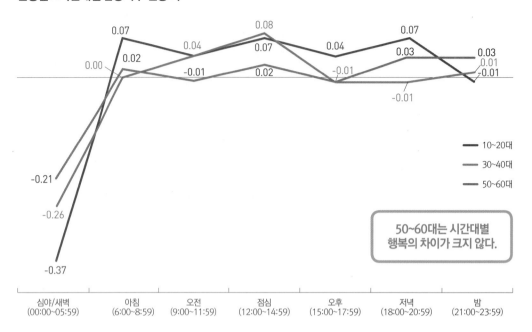

0.00	0.07 / 0.02	0.04 / -0.01	0.08 / 0.07 / 0.02	0.04 / -0.01	0.07 / 0.03 / -0.01	0.03 / 0.01 / -0.01	

— 10~20대
— 30~40대
— 50~60대

-0.21
-0.26
-0.37

50~60대는 시간대별 행복의 차이가 크지 않다.

| 심야/새벽 (00:00~05:59) | 아침 (6:00~8:59) | 오전 (9:00~11:59) | 점심 (12:00~14:59) | 오후 (15:00~17:59) | 저녁 (18:00~20:59) | 밤 (21:00~23:59) |

여러 시간대에 걸쳐 가장 큰 행복의 변화를 겪은 그룹은 10~20대다. 이들은 심야/새벽에 가장 큰 행복의 감소, 점심에 가장 큰 행복 상승을 보였다. 아침에도 점심과 비슷한 행복 상승이 있었지만 0.005의 미묘한 차이로 점심이 조금 더 높았다. 또 주목할 만한 사실은 밤에 평균 안녕지수보다 낮은 안녕지수를 경험한 것은 오직 10~20대라는 것이다. 이 시간대에 다른 연령은 평균 안녕지수보다 높은 행복을 경험했다.

10대의 경우 밤늦게까지 학원에서 학업을 이어가거나 야간 자율 학습으로 취침이 늦어지면서 행복 경험이 평균보다 감소한 것으로 보인다. 20대의 경우도 학업, 취업 준비 등으로 고된 저녁 시간을 보내고 있을 가능성이 높다.

앞서 살펴보았듯이 10대는 토요일과 일요일에 평균보다 낮은 안녕지수를 보인 유일한 연령이다. 모두가 행복한 주말과 밤에 10대는 평균보다 낮은 행복을 경험하고 있었다.

시간대별 행복감의 변화가 제일 적은 것은 예상대로 50~60대였다. 50~60대는 하루 동안의 시간대별 행복의 변화가 10~20대, 30~40

대에 비해 크지 않았으며, 가장 행복한 시간대와 가장 덜 행복한 시간대의 점수 차이도 0.24에 불과했다. 10~20대의 0.44와 30~40대의 0.34보다 낮은 점수였다. 특히 오전부터 오후(9:00~17:59) 사이 행복 변화는 다른 연령에 비해 눈에 띄게 적었다.

이처럼 연령에 따라 하루 동안 겪은 행복의 변화는 달랐지만, 모든 연령이 동일한 행복 변화를 겪은 시간대도 있었다. 바로 심야/새벽과 아침, 점심이다. 심야/새벽에는 모든 연령이 연령별 일주일 평균 안녕지수보다 낮은 점수를 보였고, 감소 폭도 제일 컸다. 새벽 효과는 모든 세대에 적용된다고 할 수 있다. 모든 연령의 행복감이 평균 이상으로 증가하는 시간대는 아침과 점심 때뿐이었다.

늦은 밤이나 새벽에는 나이를 불문하고
낮은 행복을 경험한다.
그러나 행복의 변동 폭은 나이에 따라 다르다。

The Happiness Days in 2019

2019년
가장 행복했던 하루

가장 행복했던 날 Best 5

2019년을 통틀어 가장 행복했던 날은 언제였고, 가장 행복하지 않았던 날은 언제였을까? 행복했던 5일(Best 5)과 불행했던 5일(Worst 5)을 뽑아 행복한 날의 조건과 불행한 날의 조건이 무엇인지 알아보았다.

2019년 한 해 동안 안녕지수가 가장 높았던 날은 6월 1일 토요일이 었고, 2위는 1월 17일 목요일이었다. 이 두 날에 왜 행복감이 높았는지에 대한 뚜렷한 이유는 찾기 어려웠다. 흥미로운 점은 가장 행복했던 날 Best 5에 일요일이 두 날 포함되어 있다는 점이었다. 통상 일요일은 월요일에 대한 부담으로 행복감이 그리 높지 않다는 점을 감안하면 매우 의외의 결과다.

그러나 자세히 들여다보면, 그 두 날인 2월 3일과 5월 5일은 연휴로 그다음 날인 월요일에 쉬게 된 일요일이었음을 알 수 있다. 2월 3일은 설 연휴로 4일 월요일부터 6일 수요일까지 쉬게 된 날이었고, 5월 5일은 어린이날로 그다음 월요일이 대체 휴일로 지정된 날이었다. 월요일에 대한 부담이 없는 일요일이 행복할 수 있음을 시사하는 대목이다.

2018년에도 가장 행복했던 날 Best 5에 5월 5일이 포함되어 있었다. 다만 2018년 5월 5일은 일주일 중 행복감이 높은 토요일이었고, 동시에 월요일이 대체 휴일로 지정되어 3일 연휴를 즐기게 된 첫날이었다.

5위는 2월 8일 금요일이었다. 이날은 주말과 설날 연휴로 총 5일을 쉰 뒤에 찾아오는 금요일로, 목요일과 금요일 이틀 휴가를 내면 총 9일간의 황금 연휴가 가능한 주간이었다. 2월 3일과 2월 8일이 365일 중 행복 Best 5에 포함되어 있는 사실로 미루어 보아 사람들이 추가 휴가를 내서 2월 2일부터 2월 10일까지 즐거운 휴가를 보냈던 것으로 추측해볼 수 있다.

2018년 Best 5에도 2월이 세 번이나 포함되어 있었는데 그중 이틀은 평창 올림픽이 진행 중이던 토요일(2018년 2월 10일, 2월 24일)이었다.

2019년 가장 행복했던 하루

가장 행복했던 날 Best 5

2019년 가장 행복했던 날 Best 5

5위	4위	3위	2위	1위
2월 8일 금요일	5월 5일 일요일	2월 3일 일요일	1월 17일 목요일	6월 1일 토요일
긴 연휴 후	다음날 어린이날 대체 휴일	설 연휴 시작 전		

가장 행복하지 않았던 5일에는 금요일이 하루, 월요일이 3일이나 포함되어 있었다. 제일 행복감이 낮았던 11월 15일은 금요일이었으며, 이날은 2019년 대학 수학능력 시험 이튿날이었다. 수능 여파로 10대의 안녕지수가 대폭 하락한 결과다.

이날의 연령별 차이를 확인해보니 실제로 10대의 안녕지수는 4.66으로 수능 전 10대 금요일 평균 안녕지수인 5.71보다 무려 1.05, 약 18%가 낮아졌다.

두 번째로 안녕지수가 낮은 날은 수능 이틀 후 11월 16일 토요일이었다. 토요일은 일주일 중 안녕지수가 가장 높은 요일이지만 수능의 영향 때문인지 365일 중 두 번째로 행복감이 낮은 날이 되었다. 나머지 행복감이 세 번째에서 다섯 번째로 낮은 날들은 모두 월요일이었다는 것 외에 별다른 특징을 찾을 수 없었다.

2018년 행복하지 않았던 Worst 5에는 광복절 다음 날인 8월 16일 목요일이 속해 있었다. 휴일 다음 날이라 행복감이 급감했고 목요병 효과까지 더해져 안녕지수 4.76으로 365일 중 행복감이 낮은 4위로 선택되었다. 이와 같은 조건인 2019년 10월 10일의 행복감을 살펴보니 안녕지수 5.04로 2019년 평균인 5.12보다 낮게 나타났다.

월요일은 365일에서
행복하지 않은 5일 중
절반 이상을 차지했다.

2019년 가장 불행했던 날 Worst 5

Special Days, Special Happiness?

빅 이벤트는 우리에게
정말 큰 행복이었을까?

국가적 이벤트가 행복에 미친 영향

2019년은 일본의 화이트 리스트 배제, 조국 전 법무부 장관 사태, 북미 정상회담 등 국내외적으로 굵직굵직한 국가적 이벤트가 많았다. 이런 빅 이벤트들은 과연 우리의 행복에 어떤 영향을 미쳤을까?

2019년 한 해 가장 중요한 외교적 사건은 일본이 대한민국을 화이트 리스트 대상에서 제외시킨 일이다. 2019년 7월 1일 일본이 대한민국에 대한 수출 규제 강화 조치를 공식적으로 발표하면서, 양국 간의 악감정이 폭발했다.

일본의 조치가 내려지자마자, 대한민국에서는 일본 제품에 대한 불매 운동과 함께 '노 재팬No Japan' 운동이 불붙기 시작했고, 일본에서도 '혐한' 바람이 불기 시작했다. 일본의 수출 규제는 외교적 분쟁을 넘어, 2019년 한 해 동안 우리 사회의 가장 중요한 정치·문화·경제적 핫 이슈로 자리했다.

따라서 일본의 수출 규제가 한국인들의 행복에 미친 효과를 알아보기 위해, 2018년과 2019년 7월의 안녕지수를 비교 분석했다. 일본의 수출 규제는 현재까지도 계속 이어지고 있지만, 7월 1일 화이트 리스트 제외 절차 발표일 후부터 7월 한 달 동안이 반일 감정이 가장 격한 시기였기 때문에 분석의 범위를 7월로 한정했다.

2019년 7월의 안녕지수 평균값은 2018년 7월의 평균값에 비해 0.10 낮았다. 앞서 소개한 바와 같이 2019년과 2018년의 안녕지수 차이가 0.08이었던 것을 생각해보면, 일본의 수출 규제가 대한민국의 행복에 미친 영향력이 특별히 크지 않았음을 알 수 있다.

2018년과 2019년 7월에 모두 참여한 응답자들만 따로 뽑아 추가로 분석한 결과에서도 2019년 7월의 안녕지수 평균값은 5.28로, 2018년 7월의 안녕지수 평균값 5.38에 비해 0.10 낮았다.

이처럼 2019년과 2018년 7월의 단순 비교 결과에 따르면, 일본 수출 규제가 사람들의 행복에 특별히 큰 영향을 미치지는 않은 것으로 보인다.

그러나 일본의 수출 규제와 그에 따른 우리 사회의 노 재팬 운동에 특별히 더 민감한 반응을 보이는 사람들을 따로 분석해보면 더 흥미로운 결과를 발견할 수 있을지도 모른다. 즉 국가를 중시하는 사람들, 혹은 애국심이 강한 사람들은 일본의 수출 규제로 행복이 크게 저하되었을 것이라고 예상해볼 수 있다.

일본 수출 규제는
우리 행복에
어떤 영향을
주었을까?

외교 및 경제 사안에 따른
안녕지수 변화

2018년과 2019년 7월 안녕지수에 모두 답한 8,637명의 응답자들 중, 45.4%에 해당하는 3,922명은 애국심의 가치를 묻는 질문에 추가로 답했다. 이들은 "아이들에게 애국심을 반드시 심어주어야 한다"라는 내용에 동의하는 정도를 1점에서 7점 사이의 척도에서 응답했다. 해당 내용에 동의하는 정도가 클수록 애국심을 중시하는 사람으로 간주해볼 수 있다.

애국심을 중시하는 정도와 일본 수출 규제가 행복 미치는 영향력 간의 관계를 추정할 수 있는 수리 모형을 구성해 분석한 결과, 애국심을 중시 여기는 사람일수록 일본 수출 규제에 더 큰 영향을 받는 것으로 나타났다.

구체적으로 분석 결과를 보면, 애국심을 중시하는 점수가 평균보다 1 표준편차 높은 사람들, 즉 애국심을 많이 중시하는 사람들은 2018년 7월과 비교해 2019년 7월의 안녕지수가 0.23 떨어지는 것으로 나타났다.

그에 반해 애국심 가치 점수가 1 표준편차 낮은 사람들, 즉 애국심을 상대적으로 덜 중시하는 사람들은 2018년과 비교해 2019년 7월의 안녕지수가 0.05 하락하는 데 그쳤다.

결국 일본의 수출 규제 결정은 단순 외교적 분쟁을 넘어, 2019년 7월 대한민국 안녕지수의 하락에도 일부 영향을 미친 것으로 확인되었다. **특히 애국심을 중시하는 사람들의 행복에는 더 큰 부정적 영향을 미쳤다.**

애국심 가치 중시 정도에 따른 2018년과 2019년 7월의 안녕지수 추정치

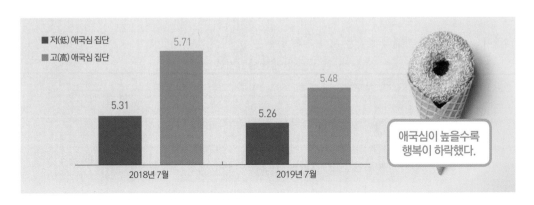

■ 저(低) 애국심 집단
■ 고(高) 애국심 집단

5.71

5.48

5.31

5.26

2018년 7월

2019년 7월

애국심이 높을수록 행복이 하락했다.

2019년 8월 9일 대한민국 법무부 장관으로 조국 교수가 지명된 직후부터, 관련된 수많은 이슈들이 한반도를 뒤덮었다.

8월 9일 후보자 지명에서부터 10월 14일 장관 사퇴, 그리고 해가 바뀐 지금까지 조국 사태는 여전히 뜨거운 감자로 남아 있지만, 특히 8월 한 달은 조국 사태가 절정을 이룬 기간이라고 할 수 있다. 뉴스 검색 시스템을 통한 조사 결과에 따르면 2019년 8월 한 달 동안만 조국 관련 뉴스 기사의 숫자가 약 2만 5,000건에 달하는 것으로 확인된다.

조국 사태가 대한민국 행복에 미친 효과를 알아보기 위해, 앞에서와 동일한 방식으로 2018년과 2019년 8월의 안녕지수를 비교해보았다. 2018년 8월의 안녕지수 평균값은 5.28이었고 2019년 8월의 안녕지수 평균값은 5.20이었다. 평균적으로 2019년의 안녕지수가 2018년에 비해 0.08 낮았던 것을 고려해보면, 조국 사태가 대한민국의 행복에 특별히 큰 영향을 미치지는 않은 것으로 생각된다.

또한 2018년과 2019년 8월 모두 안녕지수 측정에 참여한 응답자 1만 4,245명을 선별해 실시한 추가 분석에서도 2018년 8월 안녕지수는 5.37, 2019년 8월 안녕지수는 5.34로 0.03점의 차이만을 보였다.

조국 사태는 세대별 개인의 행복감 차이에도 영향을 주었을까?
전반적으로는 조국 사태가 대한민국의 안녕지수에 큰 영향을 미치지 못한 것으로 확인되었지만, 세대에 따른 영향력에서는 차이가 있을 수 있다. 조국 사태에 대한 반응에서 세대 간 차이가 있었던 것처럼, 해당 사건이 개인의 행복에 미치는 효과의 방향과 크기에서도 역시 세대에 따라 상이한 양상을 보일 가능성이 있는 것이다.

따라서 세대별 조국 사태의 효과를 보다 정확하게 분석하기 위해, 2018년과 2019년 8월 모두 안녕지수 측정에 참여한 응답자들만을 대상으로 세대별 차이를 재분석했다.

그 결과 10대에서 가장 큰 차이를 발견할 수 있었다. 10대의 2019년 8월 안녕지수는 2018년과 비교해 4.4% 하락한 것으로 나타났다. 반면에 10대 이외의 세대의 안녕지수 차이는 -0.8%에서 +0.7%에 불과했다.

조국 사태는
안녕지수를
바꾸었을까?

정치적 사건과
안녕지수의 관계 분석

연령별 2018년과 2019년 8월의 안녕지수 변동

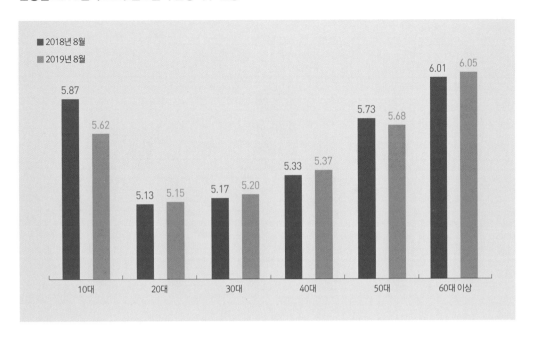

영남과 호남 지역의 안녕지수 변화는?

추가로 정치적 성향을 강하게 나타내는 두 지역인 영남과 호남 지역의 안녕지수 변화를 분석해보았다. 각 지역의 연도별 변화를 살펴보니 2019년 8월 영남 지역은 5.32로 2018년 8월 안녕지수 5.41보다 0.09 감소했다.

반면 호남 지역은 같은 기간 5.33에서 5.51로 0.18 증가했다. 뿐만 아니라 각 연도별 두 지역의 안녕지수 순위에도 변동이 있었다. 2018년에는 영남 지역이 호남 지역보다 0.08 높았지만 2019년에는 호남 지역이 영남 지역보다 0.19 높았으며, 두 지역 간의 격차는 2019년에 더 커졌다.

두 지역의 행복 변화에 가장 큰 영향을 끼친 연령을 알아보기 위해 연령 및 지역별 안녕지수 변화를 분석했다. 영남 지역에서는 20대와 50대를 제외한 나머지 연령의 안녕지수가 전년과 비교해 낮아졌다. 그중 10대의 안녕지수 감소율은 9.06%로 제일 높았으며, 60대가 5.13%로 그 뒤를 이었다. 반면 호남 지역에서는 20~50대의 안녕지수가 전년 대비 증가했으며 그중 30대의 증가율이 6.76%로 제일 높았다.

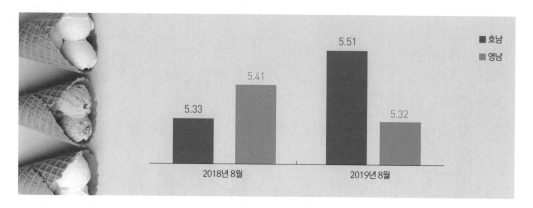

2019년 8월 영남과 호남 지역의 안녕지수 차이가 전년에 비해 더 커진 이유는 사람들이 정치적 성향에 따라 조국 사태를 다르게 받아들였기 때문이라고 추측된다. 8월은 조국이 사퇴하기 전 법무부 장관으로 활동하던 시기이면서 동시에 끊임없는 이슈들이 쏟아져 나왔던 매우 불안정한 시기였다.

영남 지역 사람들은 여러 이슈에도 불구하고 조국이 장관으로 임명된 점에 부정적으로 반응했던 것으로 예상되며, 호남 지역 사람들은 조국이 장관으로 임명되었다는 점을 긍정적으로 받아들인 것으로 추측된다.

전반적으로 전년 대비 영남 지역은 안녕지수 감소, 호남 지역은 증가를 보였지만, 각 지역의 60대 이상 세대에게서는 동일한 수준의 행복 감소가 나타났다. 영남 지역 60대 이상 사람들의 안녕지수 감소율은 5.13%였으며 호남 지역도 이와 비슷한 수준인 5.24%였다. 이는 영남 지역 10대와 호남지역 30대를 제외하고 평균 2% 남짓의 변화를 경험한 다른 연령과 비교했을 때 큰 감소율이다. 기성세대의 경우 보수와 진보 가릴 것 없이 조국 사태를 부정적으로 받아들인 것으로 추측된다.

결국 조국 사태는 그 화제성에 비해 행복에 미친 영향은 그다지 크지 않았던 것으로 확인되었다. 다만 예외적으로 10대의 경우에는 2018년과 비교해 조국 사태가 한창이던 2019년 8월 한 달 동안의 안녕지수에 큰 변동이 나타났고, 특히 보수적 성향이 강한 영남 지역의 10대에게서 큰 감소가 관찰되었다.

또한 서로 다른 정치적 성향을 띠는 두 지역의 안녕지수 격차는 전년보다 더 커졌다. 물론 이런 10대의 안녕지수의 변동과 지역별 차이를 전적으로 조국 사태만으로 설명할 수는 없기 때문에 해석에 조심할 필요가 있다.

조국 사태로 10대의 행복도가 가장 많은 영향을 받았다는 점은 언뜻 의아하게 느껴질 수 있다. 하지만 조국 사태의 발단이 자녀의 입시 관련 문제에서 시작했음을 생각해본다면 대학 입시의 당사자들인 10대의 행복이 조국 사태에 크게 영향을 받았다는 사실이 우연은 아닐 것이다.

연령별 영남 및 호남 지역의 2019년 8월 안녕지수 변동률

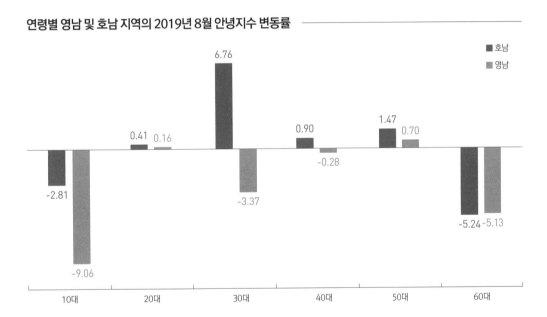

■ 호남
■ 영남

	10대	20대	30대	40대	50대	60대
호남	-2.81	0.41	6.76	0.90	1.47	-5.24
영남	-9.06	0.16	-3.37	-0.28	0.70	-5.13

대학 입시와 관련된 정치적 사건은 10대의 안녕지수를 큰 폭으로 하락시켰다.

분단 상황의 특수성으로, 북한과 미국 정상 간의 만남은 우리에게 특별한 의미를 갖는다. 북미 정상회담은 북미 간의 팽팽한 긴장을 완화하고 한 발 더 나아가 한반도에서의 평화를 구축하는 데 중요한 계기가 될 수 있으므로 사람들은 북미 정상회담을 매번 특별한 사건으로 받아들인다.

2019년에는 두 번의 북미 정상회담이 개최되었다. 2월 27일~28일 베트남 하노이와 6월 30일 비무장 지대DMZ에서 있었던 북한과 미국 정상 간의 만남이 그것이다. 두 번의 북미 정상회담이 대한민국의 행복에 미친 영향을 안녕지수 자료를 통해 알아보았다.

먼저, 2월 북미 정상회담의 효과를 분석했다. 2월 27일 수요일과 28일 목요일 양일간의 안녕지수 평균은 5.44로, 이는 북미 정상회담 직전까지의 안녕지수 평균 5.25보다 3.6%, 회담이 이루어진 수요일과 목요일의 평균 안녕지수인 5.19보다 4.8% 높은 수치였다.

회담이 이루어진 2월만 한정해보더라도, 회담일 동안의 안녕지수는 회담일을 제외한 2월의 수요일과 목요일의 평균 안녕지수 5.30보다 2.6% 높았다.

이런 비교에도 불구하고 2월 북미 정상회담 기간 동안의 안녕지수가 얼마나 높은 수치인지 쉽게 감이 오지 않을 수 있다. 2월 북미 정상회담 양일간의 안녕지수 5.44는 2019년 설 명절 연휴 동안의 안녕지수 평균보다 조금 더 높은 수준이었다. 이처럼 여러 기준을 통해 살펴본 결과, 2월 북미 정상회담은 대한민국 행복에 긍정적 효과를 미친 것으로 판단된다.

6월 북미 정상회담이 2월보다 행복 효과가 작았던 3가지 이유
다음으로, 6월 북미 정상회담이 대한민국 안녕지수에 미친 영향을 조사했다. DMZ 정상회담이 이루어진 6월 30일 일요일의 안녕지수는 5.16이었다. 이는 6월 회담일 직전까지의 안녕지수 평균인 5.19와 보통의 일요일 안녕지수 평균인 5.20과 크게 차이가 없었다.

다만 6월의 안녕지수 평균 5.10과 6월 다른 일요일 평균 5.13과 비교해서는 조금 높은 것으로 나타났다. 비교 기준에 따라 행복 효과에 차이는 있었지만, 6월 정상회담은 2월 정상회담과 달리 행복 효과가 그다지 크지 않았음을 확인할 수 있었다.

북미 정상회담은 우리를 얼마나 행복하게 했을까?

북미 정상회담이 안녕지수에 미친 영향

시기적 차이 등으로 2월 정상회담과 6월 정상회담을 직접적으로 비교하기는 어렵겠지만, 전반적인 결과를 보게 되면 6월 정상회담은 2월 정상회담만큼 대한민국 행복에 큰 영향을 미치지 못한 것으로 보인다. 이처럼 6월 정상회담의 행복 효과가 상대적으로 작았던 것은 여러 가지 이유로 설명할 수 있다.

첫째, 2월 정상회담이 기대했던 결론에 도달하지 못하고 결렬됨에 따라, 6월 정상회담에 거는 기대가 크게 낮아졌기 때문일 수 있다.

둘째, 6월 정상회담의 경우 오랜 시간 동안 계획되어왔던 2월 하노이 정상회담과 달리 즉흥적으로 결정되고 진행되어 충분한 행복 효과를 가져오지 못했을 수 있다.

셋째, 2018년부터 남북 정상회담과 북미 정상회담이 여러 차례 이어지면서 사람들이 북한 관련 이슈에 가졌던 관심이 점차 둔화된 결과일 수 있다. 2018년 안녕지수 자료를 통해 남북 정상회담의 행복 효과를 분석한 결과에서도 1·2차 회담은 안녕지수 상승을 가져온 데 반해, 3차 회담의 경우에는 행복에 별다른 영향이 없던 것으로 나타났다.

종합해보면, 행복 효과의 크기는 서로 상이했지만 2019년 두 차례의 북미 정상회담은 대한민국 행복에 일정 부분 긍정적 효과를 미친 것으로 판단할 수 있다.

2019년 2월과 6월 북미 정상회담 기간의 안녕지수

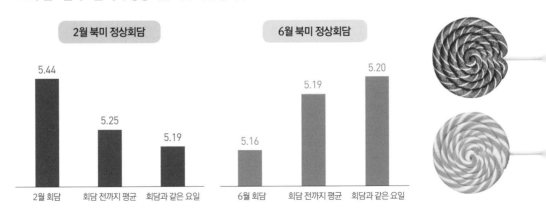

2월 북미 정상회담

5.44	5.25	5.19
2월 회담	회담 전까지 평균	회담과 같은 요일

6월 북미 정상회담

5.16	5.19	5.20
6월 회담	회담 전까지 평균	회담과 같은 요일

2019년 8월 5일 월요일은 1987년 미국 주식 대폭락 사건을 부르는 검은 월요일에 어울리는 날이었다. 우리나라에 대한 일본의 화이트리스트 배제와 미중 무역전쟁 격화 등 여러 경제 악재들이 동시에 터지면서 금융시장이 극심한 혼동을 보였던 하루였다.

원/달러 환율은 1,211원까지 치솟아 2년 7개월 만에 1,200원을 넘어섰고, 코스닥 낙폭은 12년 만에 최대치를 기록했다. 이런 금융시장의 혼동이 대한민국의 행복에 어떤 영향을 미쳤는지 2019년 안녕지수 자료를 통해 살펴보았다.

금융시장 폭락은 개인의 행복감 폭락으로는 이어지지 않았다
8월 5일 월요일의 안녕지수는 5.22였다. 이는 8월 5일 이전까지의 안녕지수 평균값인 5.19보다 높았고, 보통의 월요일 평균값인 5.15보다도 높은 수치였다. 분석된 결과를 보았을 때, 금융시장의 폭락이 대한민국 행복감의 폭락으로 이어지지는 않은 것으로 판단된다.

그런데 자료를 심층 분석한 결과, 금융시장의 혼돈이 행복에 미친 효과가 연령에 따라 상이했다는 점을 확인할 수 있었다.

주식 투자를 활발히 하는 30대, 40대, 그리고 50대의 경우에는 8월 5일 월요일 안녕지수가 5.06으로 보통의 월요일 안녕지수 5.11보다 낮았다. 반면 10대, 20대, 그리고 60대 이상의 8월 5일의 안녕지수는 5.32로 보통의 월요일 안녕지수 5.18보다 높았다. 이런 연령 간 차이는 스트레스, 짜증, 우울, 불안 수준에서 보다 두드러지게 나타났다.

30대에서 50대의 경우에는 보통의 월요일과 비교해, 8월 5일 스트레스, 짜증, 우울, 불안의 평균값이 2.2% 높게 나타났다. 반면 10대, 20대, 그리고 60대 이상의 경우에는 반대로 8월 5일의 부정정서 값이 보통의 월요일에 비해 2.2% 낮게 나타났다.

지금까지의 결과를 종합해보면, 금융시장의 폭락이 개인들의 행복에 미치는 영향이 크지 않았음을 알 수 있다. 물론 30대에서 50대의 행복에 일정 부분 악영향을 미쳤지만, 보통의 예상에 비해서는 그 효과가 작았다.

8월 5일
블랙 먼데이와
행복은 어떤
연관이 있을까?

금융시장과
안녕지수의 관계

연령별 8월 5일 블랙 먼데이의 부정정서 지수

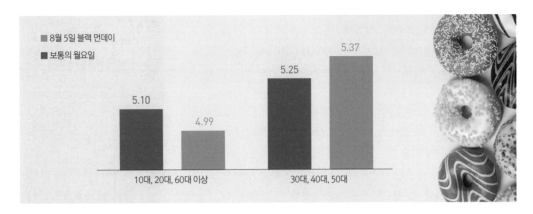

- 8월 5일 블랙 먼데이
- 보통의 월요일

5.10 — 10대, 20대, 60대 이상
4.99 — 10대, 20대, 60대 이상
5.25 — 30대, 40대, 50대
5.37 — 30대, 40대, 50대

금융시장의 폭락은 30~50대의
부정정서 경험에 일정 부분 악영향을 미쳤지만
전 연령에 끼치는 영향은 적었다.

Special Days, Special Happiness?

2018년 안녕지수 자료 분석 결과를 보면, 수능일인 11월 15일 목요일의 안녕지수는 5.01로 보통의 목요일 평균값 5.23보다 크게 낮았다. 수능일의 행복 하락이 2018년 한 해만의 특이 현상이었는지, 아니면 보편적 현상이었는지를 알아보기 위해 2019년 수능일의 행복 변동 또한 살펴보았다.

2019년 수능일인 11월 14일의 안녕지수는 5.02로, 이는 수능 전날까지의 안녕지수 평균값인 5.21과 보통의 목요일 평균값인 5.19보다 3.6% 낮은 수치였다. 이는 2018년 수능일의 안녕지수가 약 4% 정도 하락한 것과 유사한 수준으로, 수능일의 행복감 하락을 2019년 안녕지수 자료를 통해서도 다시 한번 확인할 수 있었다.

또한 2019년 자료를 추가 분석한 결과, 수능의 행복 하락 효과는 시험 당일에만 그치지 않고 그다음 날까지 이어진다는 사실을 확인할 수 있었다. 수능 이튿날인 11월 15일 금요일의 안녕지수는 4.44로, 이는 해당일 전날까지의 안녕지수 평균값 5.20보다 14.6% 낮은 수준이었고, 보통의 금요일 평균값 5.18보다는 14.3% 하락된 수치였다.

일반적으로 수능일 다음 날, 가채점을 통해 학생들이 본인의 수능 점수를 확인한다는 점을 생각해보았을 때, 수능 이튿날의 이런 행복감 폭락은 기대에 못 미치는 수능 점수에 실망한 결과라고 추측해볼 수 있다.

이에 따라 수능일과 이튿날의 행복 하락이 수능에 따른 결과인지를 확인해보기 위해, 연령별로 나누어 수능일 행복 폭락 효과를 분석해보았다.

수능일인 목요일과 이튿날 금요일의 안녕지수 평균값과 11월의 보통의 목요일과 금요일의 안녕지수 평균을 연령별로 비교해본 결과, 수능에 따른 안녕지수 하락은 시험 당사자라고 할 수 있는 10대에게서 가장 크게 나타났다. 10대의 안녕지수 하락 폭은 자그마치 16.9%였다. 그에 반해 여타 연령의 하락 폭은 10% 남짓이었다.

수능 당일, 10대는 매우 낮은 '삶의 의미'를 경험

수능에 따른 10대의 행복 폭락의 양상을 보다 잘 이해하기 위해서, 안녕지수를 하위 지표들로 구분해 삶의 만족, 삶의 의미, 스트레스,

긍정정서, 부정정서의 변동을 조사해보았다. 앞서와 마찬가지로 각 영역별로 수능일인 목요일과 이튿날 금요일의 평균값과 11월 보통의 목요일과 금요일의 평균값을 계산해 비교한 결과, 삶의 의미에서의 하락이 가장 두드러졌다.

수능일과 이튿날 10대가 경험하는 삶의 의미 점수는 4.77점으로, 이는 보통의 11월 목요일과 금요일에 경험하는 삶의 의미 점수 6.05점에 비해 무려 21.2%나 낮은 수치였다.

이처럼 2019년 안녕지수 자료를 분석해본 결과 수능은 한국인들, 그중에서도 10대의 행복감을 크게 떨어뜨리는 것으로 확인되었다. 특히 수능일과 이튿날, 10대는 평소보다 매우 낮은 삶의 의미를 경험하는 것으로 밝혀졌다.

2019년 수능일과 이튿날 10대의 안녕지수 하위 지표 평균값

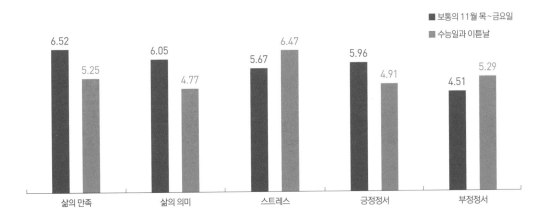

■ 보통의 11월 목~금요일
■ 수능일과 이튿날

	삶의 만족	삶의 의미	스트레스	긍정정서	부정정서
보통의 11월 목~금요일	6.52	6.05	5.67	5.96	4.51
수능일과 이튿날	5.25	4.77	6.47	4.91	5.29

수능을 본 후 10대는 삶의 의미를
적지 않게 잃어버렸고,
덜 행복해졌다.

우리나라의 대표 명절인 설과 추석 기간 동안 한국인들의 안녕지수 변화를 조사해보았다. 설과 추석 명절이 한 해 중 가장 긴 연휴임을 생각해보면, 명절 기간 동안 안녕지수가 상승했을 것이라고 추측해볼 수 있다.

하지만 극심한 교통 체증, 시댁과의 갈등, 친척 어른들의 잔소리 그리고 주변 친지와의 끝없는 비교를 생각하면 안녕지수가 평소보다 오히려 떨어졌을 가능성도 배제하기 어렵다.

2019년 설 연휴(2월 4일 월요일~6일 수요일)와 추석 연휴(9월 12일 목요일~14일 토요일) 동안의 안녕지수 평균값은 각각 5.43과 5.39로 해당 연휴 기간을 제외한 2019년 평균 안녕지수인 5.20보다 높았다.

월요일에서 수요일에 걸쳐 있던 설 연휴 기간의 평균 안녕지수는 연휴 기간과 동일한 요일인 월요일, 화요일, 수요일의 평균 안녕지수인 5.21보다 4.17% 높았고, 목요일에서 토요일에 걸쳐 있던 추석 연휴 역시 동일한 요일인 목요일, 금요일, 토요일의 평균 안녕지수 5.14보다 4.71% 높았다.

앞선 결과에서 확인할 수 있는 것처럼, 명절 기간 동안 대한민국의 안녕지수는 상승했다. 이런 명절 기간의 행복 상승 효과는 2018년 자료에서도 관찰된 바 있다.

2018년 설 연휴(2월 15일 목요일~17일 토요일)와 추석 연휴(9월 23일 일요일~26일 수요일)의 안녕지수는 각각 5.50과 5.42로, 이는 해당 연휴 기간과 동일한 요일의 안녕지수인 5.31, 5.26보다 3.6%와 3.0% 높은 수치였다.

2018년과 2019년의 일관된 결과를 통해, 명절 연휴 기간 동안 사람들은 평소보다 더 행복한 일상을 보내고 있음을 보다 명확히 확인할 수 있다.

성별에 따라 명절에 느끼는 행복이 다를까?

명절 기간 동안 대한민국의 행복감이 전반적으로 상승했다고 해서 모두에게 명절 연휴가 반가운 것만은 아니다. 특히 여성들에게 명절 연휴는 스트레스로 다가올 수 있다. 이를 확인하기 위해 성별을 구분해 명절 효과 차이를 분석해보았다.

명절은
행복의 날일까,
스트레스의
날일까?

설과 추석의
안녕지수 분석

남녀별로 2019년 설 및 추석 연휴 기간의 안녕지수와 평소 안녕지수를 비교해본 결과, 성별에 유의한 차이는 발견되지 않았다.

남성들의 명절 기간 동안 안녕지수는 5.57로 평소 안녕지수에 비해 3.0% 높은 점수였다. 여성들의 안녕지수는 5.32로, 이는 평소 안녕지수와 비교해 3.7% 높은 수치였다. 이처럼 전 연령을 포함한 남녀 간 비교에서는 성별에 따른 명절 효과 차이가 나타나지 않았다.

따라서 명절 스트레스를 주로 경험하는 30~40대 며느리들의 안녕지수 변화를 측정하기 위해 연령을 30~40대로 한정해 남녀 간의 명절 효과 차이를 분석했다. 그러나 이번에도 남녀 간의 유의미한 차이는 발견되지 않았다.

즉 30~40대 남녀 모두가 비슷한 수준의 명절 효과를 경험하는 것으로 나타났다. 구체적으로 살펴보면, 30~40대 남성들의 명절 안녕지수는 5.46으로 평소 안녕지수에 비해 4.3% 더 높은 수치였다. 여성들의 명절 안녕지수는 5.24로 이는 평소 안녕지수보다 3.7% 높은 점수였다.

지금까지 살펴본 바와 같이, 전반적인 안녕지수 비교에서는 30~40대 여성들이 특별히 명절 증후군을 경험하고 있음을 보여주는 증거를 찾을 수 없었다. 그런데 안녕지수의 하위 지표인 스트레스 경험만을 따로 분석한 결과에서 30~40대 남녀 간에 명절 효과의 차이를 발견할 수 있었다.

명절의 행복은
30~40대 남녀의
스트레스 경험에서
차이를 보였다。

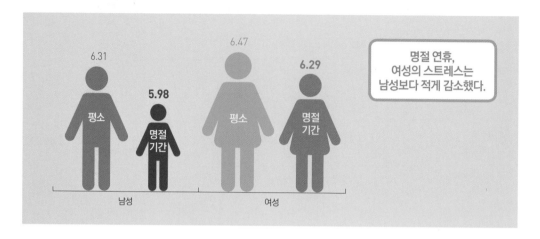

결과를 살펴보면, 30~40대 남성들의 명절 기간 스트레스는 5.98
로, 평소 스트레스 평균값 6.31에 비해 0.33 낮은 수치였다. 그에 반
해 30~40대 여성들이 명절 기간 동안 경험하는 스트레스는 6.29로
이는 평소 스트레스 평균값 6.47과 비교해 0.18 낮았다.

즉 명절 연휴 동안 30~40대 남성들의 스트레스가 5.3% 감소하는
데 반해, 여성들의 스트레스 감소 폭은 2.8%에 그쳤다. 그러나 여성
또한 스트레스의 감소 폭이 작았다는 의미이지, 명절에 스트레스 지
수가 평소보다 더 증가한 것은 아니었다. 한마디로 명절은 행복한
날이었다.

행복의 측정은 한 국가의 어제를 보여주고,
다가올 내일을 그리게 한다。

02

행복한 사람들의 5가지 특징

150만 명의 데이터에서 찾아낸 행복의 비밀

Korea Psychology Report

Social Status

행복한 사람들은 스스로를
높은 계층이라 여긴다

사회적 지위와 계층은 행복과 비례할까

2019년에는 유독 계층 문제를 다룬 영화들이 주목받았다. 이런 영화에 대한 관심은 많은 사회가 직면한 불평등과 양극화, 계층 간 갈등의 문제를 응시하려는 노력의 일환이라고 할 수 있다. 현대사회에서는 같은 국가에 속한 사람들 사이에서도 계층에 따라 적지 않은 이질감을 경험한다. 영화 〈기생충〉에서 기택의 가족이 기생의 존재들로 떠밀려 사회로부터 떨어지는 것처럼 말이다. 그렇다면 계층은 사람들을 어떻게 갈라놓는가? 계층은 사람들의 행복도 가르는가?

"나는 내 인생이 비극인줄 알았는데, 빌어먹을 코미디였다는
걸 깨달았어."

- 영화 〈조커〉 중에서

영화 〈조커Joker〉에서 주인공 아서 플렉은 코미디언이 되길 바라지
만 현실은 보잘것없는 광대에 불과하다. 그의 엄마는 아들을 해피
happy라고 부른다. 행복과 웃음을 주는 코미디언이 되는 것이 그가
엄마의 부름에 응답하는 방식인 것처럼 그려진다.

그러나 그는 남들이 웃을 때 웃지 못하고, 남들이 웃음을 멈출 때 웃
는다. 그가 사람들을 웃기려 할 때 사람들은 그의 유머를 비웃는다.
그가 웃는 모습은 흡사 우는 것 같다. 영화 속 아서 플렉이라는 인
물은 그가 처한 열악한 현실과 아이러니하게 뒤엉켜 더 비극적으로
그려진다. 영화는 조커라는 캐릭터를 계층 문제의 시선에서 변주해,
그가 겪는 비극의 과정을 통해 악당의 탄생 전말을 보여준다.

〈조커〉를 비롯해 2019년에는 유독 계층 문제를 다룬 영화들이 주
목받았다. 영화 〈기생충〉이 세계적으로 이루고 있는 쾌거 또한 이
흐름과 무관하지 않다. 이런 관심은 많은 사회가 직면한 불평등과
양극화, 그리고 계층 간 갈등의 문제를 응시하려는 노력의 일환이라
고 할 수 있다.

예전에는 국경선을 기준으로 그 안에 있는 사람들끼리 동질적인 문
화를 공유했다면, 지금은 더 이상 그렇지 않다. 같은 국가에 속해도
다른 계층 사람들과 이질감을 느낀다. 계층의 사다리는 국경선보다
사람들 사이를 더 멀어지게 한다. 〈기생충〉에서 기택의 가족이 기생
의 존재들로 떠밀려 사회로부터 떨어지는 것처럼 말이다. 그렇다면
계층은 사람들을 어떻게 갈라놓는가? 계층은 사람들의 행복도 가르
는가?

행복은 소득 수준에 따라 결정될까?

사회적 지위에 따른 행복

사회적 지위란?

사회적 지위social status 란 사회적 위계 속에서 개인이 차지하는 수직적 위치를 가리킨다. 사회적 지위는 대개 개인이 보유한 자원의 양에 따라 규정된다. 이때의 사회적 지위를 사회 계층social class 이라고 지칭하기도 한다. 사람들의 소득 규모, 교육 수준, 그리고 직업적 위치에 따라 구분된 사회적 지위가 사회 계층이다(Piff, Kraus, Keltner, 2018).

사회적 지위는 그 사람이 속한 문화와 환경을 조성하고 그 사람의 정체성을 형성한다. 심리학에서는 계층에 따라 서로 구분되는 심리적 특성이 형성된다고 설명한다. 상위 계층 사람들은 자기 중심적이고 자신의 독특성에 초점을 두는 독립적 특성을, 하위 계층 사람들은 사회적 맥락에 주의를 기울이고 타인을 의식하는 상호 의존적 특성을 지니는 것으로 밝혀졌다(Kraus, Piff, Mendoza-Denton, Rheinschmidt, Keltner, 2012).

자원이 증가할수록 개인은 다른 사람들에게 덜 의존하게 된다. 실제로 상위 계층 사람들은 타인들에게 덜 의존적이고 자기 중심적인 경향을 보인다. 예를 들어, 강한 권력을 가진 사람들은 타인들을 덜 응시하고, 대화 중 끼어들기를 잘하고 장황하게 말하는 경향이 있다. 다른 사람들이 선택하지 않는 독특한 상품을 소비하면서 자신을 차별화하고자 한다. 자신의 독특성에 초점을 두고 타인을 덜 의식할 때 나타날 수 있는 전형적인 행동 양상을 보이는 것이다.

반면, 하위 계층 사람들은 불확실성이 높고 위협과 난관에 노출되기 쉬운 환경에 놓여 있다. 환경적 어려움을 극복하기 위해 자원을 동원하는 데도 제한이 있다. 자원의 제약으로 환경의 영향을 더 쉽게 받고, 잠재하는 위협에 더 민감하게 반응한다. 이에 주변을 파악하는 데 많은 주의를 쏟는다.

하위 계층 사람들은 타인들에게 더 의존적인 특성을 보이는데, 이는 타인들과 협력적인 관계를 맺음으로써 외부의 불확실성과 위협을 관리하려고 하기 때문이다. 〈기생충〉에서 기택의 가족은 계획의 실패와 절망의 반복 속에서도 서로 의지하며 놀라운 단결력을 보여주지 않던가.

사회적 지위는 어떻게 측정하는가?

본 조사에서는 맥아더의 주관적 사회 지위 척도MacArthur scale of subjective social status를 사용했다(Adler, Epel, Castellazzo, Ickovics, 2000). 이는 사회 계층을 측정하는 대표적인 방식이다. 사람들에게 사다리를 보여주고 이 중에서 자신의 사회적 지위가 몇 층에 속한다고 생각하는지를 나타내도록 하는 방식이다. 사다리 1층은 사회적 지위가 가장 낮다고 생각하는 사람들, 10층은 사회적 지위가 가장 높다고 생각하는 사람들에 해당한다.

사회적 지위를 측정하는 방식은 크게 두 가지로 나뉜다. 첫 번째는 객관적 사회 경제적 지위socioeconomic status를 재는 방식이다. 이 방식은 실제 소득, 교육, 직업이라는 객관적 세 요소를 가지고 개인의 지위를 산출한다. 이와 같은 방식으로 측정된 사회 경제적 지위는 사회 계층이라는 용어로도 쓰인다.

두 번째는 본 조사와 마찬가지로 주관적으로 묻는 방식이다. 자신의 소득, 교육, 직업을 고려해 스스로 사다리 어디에 위치한다고 생각하는지를 답한다. 지위에 대한 개인의 판단이 담기기 때문에 주관적이다. 개인의 주관성에 의존한 지표이지만 유용성 면에서 결코 객관적 지표에 뒤지지 않는다. 덜 리얼하다고도 볼 수 없다.

객관적 지표와 주관적 지표의 상관(*r*=.40)계수를 보면 주관적 지표가 어느 정도 객관적 실체를 담고 있다는 것을 알 수 있다. 뿐만 아니라, 주관적 사회 지위 점수는 객관적 지표보다 건강과 관련된 심리적 기능을 보다 안정적으로 예측하는 것으로 알려졌다(Adler, Epel, Castellazzo, Ickovics, 2000).

2019년 한 해 동안 사회적 지위 조사에 응답한 사람은 총 12만 4,826명이었다. 그중 여성 응답자가 9만 6,917명으로 77.6%를 차지했으며, 남성 응답자가 2만 7,909명으로 22.4%를 차지해, 여성 응답자가 남성 응답자에 비해 3배 이상 많았다. 연령별로는 10대가 2만 5,573명으로 20.5%, 20대가 5만 368명으로 40.4%, 30대가 2만 8,495명으로 22.8%, 40대가 1만 3,936명으로 11.2%, 50대가 5,382명으로 4.3%, 60대 이상이 1,072명으로 0.9%로 나타났다. 10~30대 응답자가 압도적 다수를 차지했다.

상관계수 *r*
두 변수 간의 연관성을 보여주는 지표로, 값이 1 혹은 −1에 가까워질수록 연관성이 높다고 할 수 있다. 상관계수가 플러스(+) 값인 경우에는 하나의 변수가 증가(또는 감소)할 때 다른 변수 역시 함께 증가(또는 감소)하는 정적인 관계가 있다는 것을 말한다. 마이너스(−) 값인 경우에는 하나의 변수가 증가(또는 감소)할 때 다른 변수가 감소(또는 증가)하는 부적인 관계가 있음을 의미한다.

실제 사회적 지위 측정 화면 ⬇

행복은 계층의 사다리를 타고 증가하는가?

분석 결과 사회적 지위가 높을수록 더 높은 안녕지수를, 사회적 지위가 낮을수록 더 낮은 안녕지수를 나타냈다(*r*=.39). 사회적 지위가 올라갈수록 행복이 하락하는 패턴은 결코 나타나지 않았다. 또한 사회적 지위 한 계단의 차이가 안녕지수에 대해 갖는 의미는 계층의 위치에 따라 달랐다. 즉 낮은 계층으로 갈수록 한 계단 차이가 안녕지수 변화를 좌우하는 정도가 커졌다.

9층에서 10층으로 올라가는 한 계단은 안녕지수 0.24만큼 상승의 의미를 가졌다. 이에 반해 1층에서 2층으로 올라가는 한 계단은 안녕지수 0.58만큼 상승의 의미를 가졌다. 0.58의 차이는 높은 지위에서 두 계단을 오르내렸을 때 발생하는 차이에 상응한다.

사회적 지위는 긍정정서와 정적 상관을(*r*=.41), 부정정서와 부적 상관을(*r*=-.25) 가졌다. 즉 사회적 지위가 높을수록 좋은 기분을 많이 느낀다는 것이다. 사회적 지위가 긍정정서와 맺는 관계가 부정정서와 맺는 상관보다 더 강한 것으로 나타났는데, 이는 한 계단 상승이 부정정서를 낮춰주는 것보다는 긍정정서를 높여주는 것과 더 관련 있다는 의미다.

사회적 지위와 삶의 만족의 상관(*r*=.47)은 사회적 지위와 긍정 및 부정정서의 상관보다 강했다. 이런 경향은 노벨상 수상자들인 대니얼 카너먼Daniel Kahneman과 앵거스 디턴Angus Deaton이 소득과 행복의 관계를 밝힌 결과와 일맥상통한다(Kahneman & Deaton, 2010).

본 조사에 포함된 삶의 만족도를 UN에서 보고하는 행복 점수와 비교하면 매우 흥미로운 결과들을 발견할 수 있다. 본 조사에서 삶의 만족을 측정하는 문항과 매년 UN에서 측정하는 삶의 만족 문항 모두 동일하게 0점에서 10점까지의 척도를 사용하고 있다. 2019년 UN 세계 행복 보고서에서 대한민국의 삶의 만족도는 5.90이었다 (Helliwell, Layard, Sachs, 2019). 본 조사에서 측정한 삶의 만족도 평균은 5.86으로, UN 세계 행복 보고서에 상당히 근접한 수치임을 확인할 수 있다.

그렇다면 사회적 지위 1층에 속하는 사람들은 어느 국가의 행복 수준에 대응할까? 본 조사에서 1층에 위치한 사람들의 삶의 만족도는 3.34로, 이는 2019년 UN 세계 행복 보고서에서 151위, 152위를 차지한 예멘의 평균 3.38과 르완다의 평균 3.33에 버금가는 점수다.
1층 사람들은 대한민국에서 살고 있어도 예멘이나 르완다 정도의
삶을 살고 있다는 의미다.

반면, 10층에 위치한 사람들의 삶의 만족도는 8.19로, 이는 같은
UN 세계 행복 보고서에서 1위, 2위를 차지한 핀란드의 평균 7.77
과 덴마크의 평균 7.60에도 훨씬 웃도는 수준이다. 10층 사람들은
대한민국에서 살고 있어도 핀란드 사람들 이상의 삶을 살고 있다는
것을 의미한다.

사회적 지위에 따른 행복 수준 ──────────────

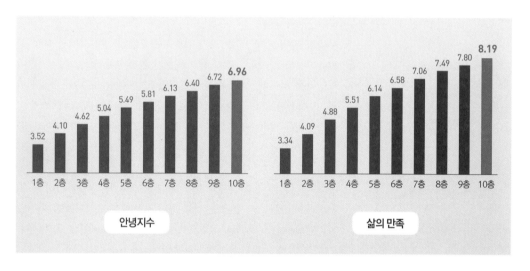

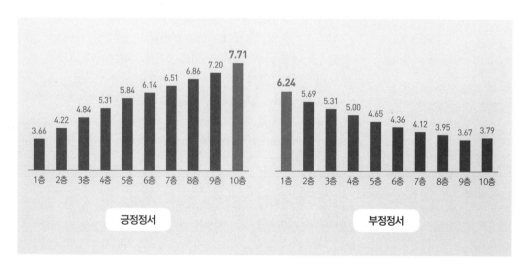

사회적 지위가 만들어낸 차이들

성별, 연령별
행복 수준 차이

같은 계층이라도 남녀에 따라 행복을 다르게 예측하는가?

성차는 두드러질 정도로 유의미하지는 않았다. 사회적 지위와 안녕지수의 상관은 남성(r=.38)보다 여성(r=.40)에게서 약간 높게 관찰되었다. 그리고 이런 성차는 사다리 아래로 내려갈수록 커졌다. 즉 여성의 행복은 남성보다 사다리 위치에 의해 약간 더 좌우되었다.

이와 같은 성차는 긍정정서보다는 부정정서에서 유인된 효과로 보인다. 성별에 따른 사회적 지위와 긍정정서 상관은 남성(r=.41)과 여성(r=.40) 모두 비슷했으나, 부정정서 상관은 남성(r=-.22)보다 여성(r=-.26)에게서 더 높았다. 사회적 지위가 낮을수록 부정정서 경험에 대한 남녀 차이가 발생했고, 사회적 지위가 높아질수록 남녀에 따른 부정정서 경험 차이는 무색해졌다. 즉 낮은 지위로 갈수록 증가하는 부정정서 경험이 남성보다는 여성에게 더 가중되는 경향이 있었다.

사회적 지위에 따른 행복 수준의 성별 비교

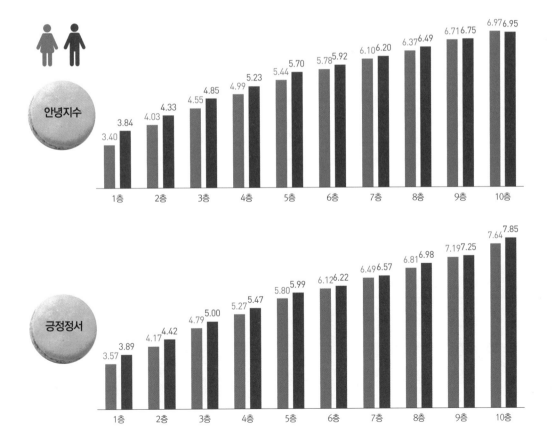

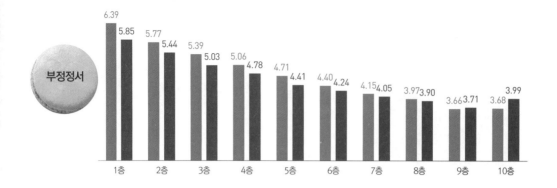

같은 계층이라도 연령에 따라 행복을 다르게 예측하는가?

사회적 지위와 행복의 관계는 연령별로 큰 차이가 없었다. 모든 연령에서 사회적 계층이 높을수록 행복도 컸다.

사회적 지위와 행복 상관관계의 연령별 비교

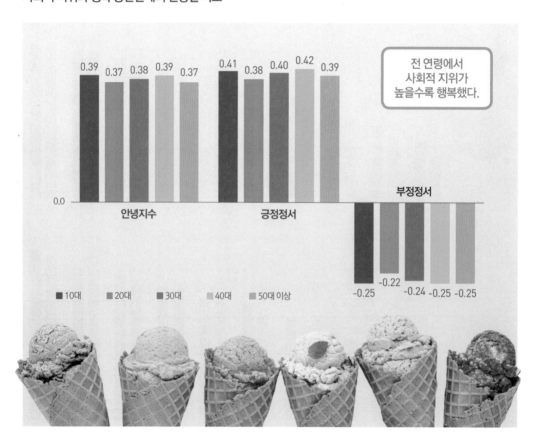

한국인들은 사다리 몇 층에 위치할까?

대한민국
사회적 지위 분포

한국인의 사회적 지위 분포는?

한국인의 사회적 지위 평균은 1층부터 10층 사이에서 4.79(표준편차 2.04)에 위치했다. 점수대별 분포를 살펴보면, 사다리의 중간인 5층에 가장 많은 사람들이 위치했다. 응답자 중 상당수가 스스로의 지위를 중간 정도로 보는 경향이 존재한 것이다.

5층보다 낮은 지위에는 총 5만 4,449명, 전체의 43.6%가, 5층보다 높은 지위에는 총 4만 1,930명, 전체의 33.6%가 분포했다. 즉 스스로의 지위를 중간보다 낮게 여기는 사람이 중간보다 높게 여기는 사람보다 10% 더 많았다. 자신의 지위를 중간 이상으로 보는 사람들보다 중간 이하로 규정하는 사람들이 많다는 점은 흥미롭다.

그중에서도 스스로의 지위를 최하층인 1층으로 규정하는 사람이 총 7,428명으로 전체의 6.0%나 된다는 점은 주목할 만하다. 이는 최상층인 10층으로 보고한 사람이 2,300명으로 전체의 1.8%를 차지하는 것과 비견해도 눈에 띄는 결과다.

사회적 지위별 응답자 비율

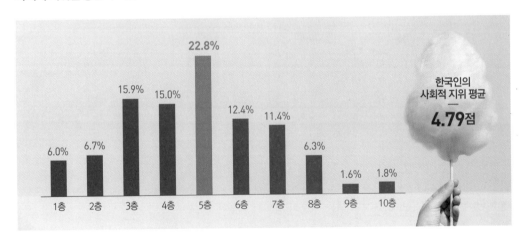

20대 사회적 지위 최저, 이후 점차 상승해 50대 이상에서 정점

연령별로 비교했을 때, 20대의 사회적 지위가 가장 낮고 50대 이상의 사회적 지위가 가장 높았다. 홀로서기를 시작하는 시기인 20대에 최저점을 찍고, 이후 사회적 지위가 사다리를 올라타듯이 점차 상승해 50대에서 정점을 맞은 것이다. 60대 이후의 사회적 지위는 50대와 유사한 수준이었다.

전체 평균인 4.79를 기준으로 보면, 20~30대의 사회적 지위는 평균보다 낮았다. 청년들은 스스로를 낮은 지위에 속한다고 규정하고 있었다. 성인으로 독립해 사회 진출을 준비하거나 본격적으로 진출한 지 얼마 안 된 시기라는 점과 맞물리는 결과다. 특히 20대의 경우, 앞으로는 사회적 지위가 상승할 수 있는 희망의 출발점이면서, 뒤로는 10대로부터의 지위 하락을 경험한 충격이 공존하는 시기로 보인다.

단, 본 조사에서는 종단적 비교를 한 것이 아니기 때문에, 연령에 따라 다르게 나타나는 사회적 지위의 차이가 연령의 변화에 따라 나타나는 현상이 아니라 연령별 코호트 효과일 가능성도 있다는 점에 주의해 해석해야 한다.

코호트 효과 (cohort effect)
특정 연도 또는 기간에 출생한 집단인 출생 코호트 비교에 의해 특정 기간의 사회 변동이 인정되는 현상으로, 구성원들끼리 연대를 느끼고 그들 사이에 하나의 트랜드가 형성된다.

연령별 사회적 지위 평균

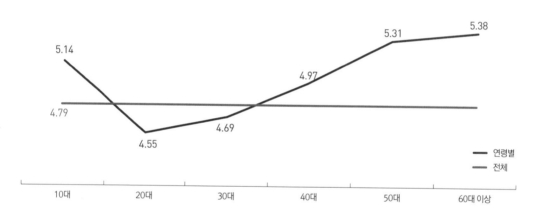

흥미로운 점은 10대가 자각하는 사회적 지위다. 이들의 사회적 지위는 40대와 50대 사이에 위치했으며, 심지어 40대보다도 높았다! 왜 그럴까? 첫째, 이들의 사회적 지위는 부모의 사회적 지위에 근거를 두는 것으로 보인다.

최근 이루어진 행복연구센터 연구 결과, 가정이 잘사는 정도를 부모와 10대 자녀가 따로 응답하도록 했을 때 부모와 자녀의 응답이 정적 상관을 보였다. 즉 자녀들이 지각하는 가정의 부유함은 부모들이 지각하는 가정의 부유함을 닮기 때문에, 10대가 보고한 사회적 지위는 그들의 부모뻘인 40대가 차지하는 사회적 지위 근방에 위치하는 것으로 보인다.

연령별 사회적 지위 비율 비교

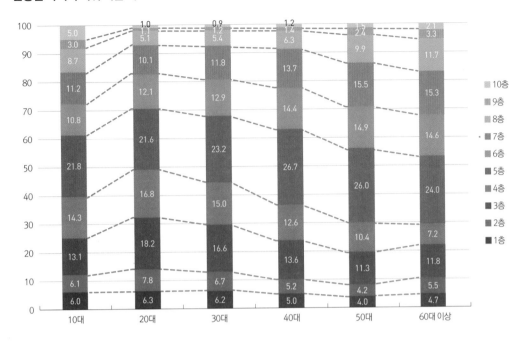

둘째, 10대의 사회적 지위는 비현실적 낙관성에서 비롯되었을 수 있다. 동일한 행복연구센터 연구에서, 자녀들이 보고한 가정의 부유함은 부모가 보고한 점수보다 높은 것으로 관찰되었다. 자녀들은 가정의 부유함을 부모보다 과대 지각하는 경향이 있었다. 이와 같은 연구 결과는 본 조사에서 왜 10대가 40대보다도 사회적 지위를 더 높게 보고했는지에 대해 설명 근거를 제시한다.

연령별로 사다리 구간 비율을 살펴보아도 비슷한 결과가 확인된다. 스스로를 사다리 중간보다 아래에 있다고 여기는 사람의 비율이 20대에서 49.1%로 가장 높았다. 즉 20대 절반 가량은 스스로를 사다리 아래 칸에 속한다고 보고했다. 이 비율은 이후 연령에서 점차 감소해 60대 이상에 이르러서는 29.2%까지 떨어진다.

60대 이상에서는 스스로를 사다리 중간보다 위에 있다고 여기는 사람의 비율이 46.9%까지 올라간다. 60대 이상 중 절반 가량은 스스로를 사다리 위 칸에 속한다고 보고한 것이다.

하지만 60대 이상이 스마트폰을 사용해 본 조사에 참여한 것이라는 점을 고려하면, 해당 연령에서 이들은 비교적 높은 사회적 지위에 놓인 사람들일 것이라고 볼 수 있다. 즉 본 조사 60대 이상 응답자들에 대해서는, 높은 수준의 사회적 지위에 속하는 사람들의 참여가 실제로 존재하는 비율보다 두드러졌을 가능성을 배제하기 어렵다. 따라서 이에 대한 제한적인 해석이 요구된다.

남성이 여성보다 자신의 사회적 지위를 근소하게 더 높게 보고

성별로 비교해보면 남성이 여성보다 자신의 사회적 지위를 약간 더 높게 보고했다. 남성의 사회적 지위 평균은 4.86(표준편차 2.17), 여성의 사회적 지위 평균은 4.77(표준편차 2.00)로 0.09의 차이가 있었다.

성별에 따른 사회적 지위 평균 비교 ────────────

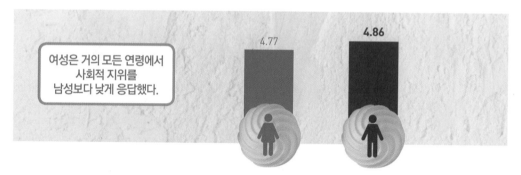

연령과 성별을 통틀어 누가 사다리의 가장 위와 아래에 있는가?

남성의 경우, 전체 평균 패턴과 거의 비슷했다. 남성의 사회적 지위는 20대에 최저점을 기록하고 이후 연령으로 갈수록 점차 상승해 50대 이상에서 최고점을 찍었다.

주목할 만한 차이는 10대 남성들의 사회적 지위에서 관찰되었다. 10대 남성들은 50대 이상 남성들과 비슷한 위치에 자신의 사회적 지위가 놓여 있다고 보고했다. 이 구간에서 성차가 가장 두드러진다는 점에서도 눈에 띈다. 즉 10대에서 남성의 사회적 지위와 여성의 사회적 지위의 격차가 가장 크게 벌어졌다.

여성의 사회적 지위도 20대에 바닥을 치고 이후 연령부터 상향 이동해 50대 이상에서 정점을 기록했다. 남성과 비교해 여성은 거의 모든 연령에서 자신의 사회적 지위를 더 낮게 보고했다.

바닥을 치는 20대 구간에서도 여성들은 자신의 사회적 지위를 남성들보다 낮은 수준으로 보고했다. 연령과 성별을 통틀어 20대 여성은 사다리 가장 아래에 위치했다.

60대 이상에서는 남성과 여성의 사회적 지위가 역전되는 패턴이 관찰되었지만, 눈여겨볼 정도의 차이는 아니었다.

사회적 지위의 성별×연령별 차이

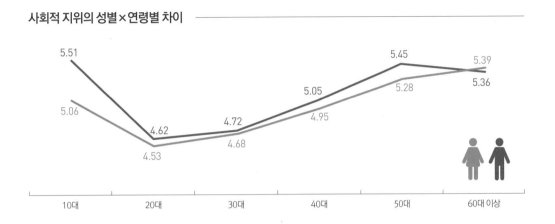

연령과 성별을 통틀어
20대 여성은 사다리 가장 아래에 위치했다.

사회적 지위 평균이 가장 높은 지역은 세종

지역별로 사회적 지위를 비교하면 어떨까? 사회적 지위 평균이 가장 높은 지역은 평균 5.19로 나타난 세종이었다. 해외가 평균 5.15, 서울이 평균 4.95로 뒤를 따랐다. 사회적 지위 평균이 가장 낮은 지역은 4.55의 경북이었다.

그다음은 광주, 전북, 전남, 인천 네 개 지역이 평균 4.62로 동일하게 두번째로 낮았다. 2018년과 2019년 모두 세종의 행복 수준이 가장 높았다는 사실과 세종 응답자의 주관적 사회 지위가 가장 높다는 점은 우연이 아니다.

2019년 6월에 공표된 통계청 1인당 개인소득 결과에 따르면, 1인당 개인소득이 가장 높은 지역은 서울, 울산, 세종 순이었다. 개인소득 수준이 높은 지역인 서울과 세종은 본 조사에서 사회적 지위 평균이 가장 높은 지역들이었다.

1인당 개인소득이 가장 낮은 지역으로는 전남, 전북, 경북 순으로 나타났는데, 이들은 본 조사에서 사회적 지위 평균이 가장 낮은 지역들이었다. **실제로 본 조사의 사회적 지위의 지역별 평균값과 통계청의 1인당 개인소득의 지역별 지표 사이에 정적 상관($r=.62$)이 확인되었다.** 이는 본 조사의 사회적 지위 점수가 객관적 지표의 속성을 담고 있음을 나타낸다.

전국 시·도별 사회적 지위 평균 비교

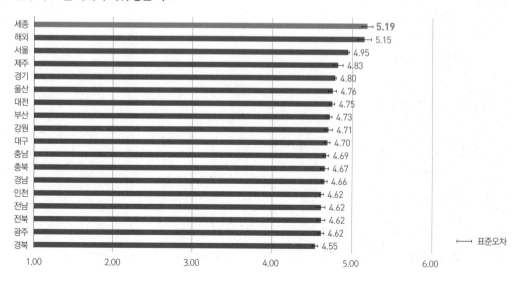

Summary

- 사회적 지위와 행복은 정적 관계를 보인다. 즉 사회적 지위가 높을수록 행복하다고 대답한 사람이 많다.

- 낮은 계층으로 갈수록 사회적 지위 한 계단 차이가 행복 수준을 좌우하는 정도가 증가한다. 상관관계를 비교해보면, 긍정정서와의 상관이 부정정서와의 상관보다 강한 경향을 보인다.

- 사회적 지위와 행복 사이의 상관에 근소한 성차가 존재한다. 이는 여성의 부정정서 경험이 남성의 부정정서 경험보다 계층에 의해 더 좌우되는 데서 견인된 효과로 보인다.

- 연령은 사회적 지위와 행복의 관계에 거의 영향을 주지 않는다.

- 한국인의 사회적 지위 평균은 1층부터 10층 사이에서 4.79(표준편차 2.04)에 위치한다. 상당수가 스스로의 지위를 중간 정도로 보고 있다.

- 20대의 사회적 지위가 가장 낮고, 이후 연령에서 사회적 지위가 점차 상승해 50대 이상에서 정점을 맞는다.

- 남성이 여성보다 아주 근소한 차이로 자신의 사회적 지위를 더 높게 보고한다.

- 세종의 사회적 지위 평균이 가장 높다(참고로 세종의 안녕지수가 가장 높았다).

Time Poverty

행복한 사람들은 기꺼이 48시간을 산다 그래도 여유롭다

바쁜 일상과 마음의 여유가 자존감을 높이는 이유

현대사회에서 '시간이 없다'는 말은 자신을 정당화해주는 가장 효과적인 말이 되었다. 사람들은 시간에 쫓기는 삶을 거부하면서도 바쁜 삶이 주는 상징적인 지위 때문에, 바쁨을 원망함과 동시에 추구한다. 여기에서는 시간 개념을 '시간 빈곤'이라는 심리적 측면과 '바쁜 일상'이라는 행동적 측면으로 분석함으로써 시간과 행복이 맺고 있는 관계를 살펴본다.

시간에 쫓기는 마음과 바쁜 일상의 차이

OECD 2018년 자료에 따르면 대한민국은 OECD 회원국들 중 연간 평균 노동 시간이 세 번째로 많은 나라다. 1위 멕시코(2,148시간), 2위 코스타리카(2,121시간)에 이어 대한민국(1,993시간)은 3위를 차지했다(OECD, 2020).

과로사의 영어 표현으로 과로사의 일본식 발음인 'Karoshi過勞死'가 사용될 정도로 일을 많이 하는 나라라고 알려진 일본(1,680시간)도 21위에 불과하다. 대한민국이 얼마나 일을 많이 하는지 짐작할 수 있는 결과다. 이에 대한 대책으로 정부는 주 52시간제를 법으로 규정해 노동 시간을 줄이기 위해 노력하고 있고, 개인은 다양한 수단을 동원해 워라밸work-life balance을 추구하고 있다. 가히 시간 관리의 시대가 도래했다고 할 수 있다.

인류 역사는 결핍 혹은 빈곤의 문제를 해결하기 위해 노력해온 역사라고 해도 과언이 아니다. 그 결과 경제적 결핍, 건강의 결핍, 주택의 결핍, 식량의 결핍 등과 같은 많은 결핍들이 상당 부분 해결되었다. 오늘날 우리는 인류 역사상 가장 풍요로운 세상에서 살고 있다고 할 수 있다.

그러나 이런 결핍들을 해결하는 과정에서 인류가 경험해보지 못한 새로운 종류의 결핍이 생겨났는데, 바로 시간 결핍이다. 시간 빈곤 time famine, time poverty 이야말로 현대인들이 해결해야 할 새로운 형태의 빈곤이다.

그러나 시간 빈곤이 지닌 심각한 문제점에도 불구하고, 매우 아이러니하게 '시간이 없다'는 말은 우리를 정당화해주는 가장 효과적인 말이 되었고, '얼마나 바쁘세요?'라는 말은 상대의 지위를 인정해주는 인사말이 되었다. '바쁨'이 지위의 상징이 된 것이다.

시간 빈곤을 싫어하면서도 바쁨이 자신의 지위를 보여주는 상징으로 작동하기 때문에, 바쁜 삶 혹은 시간에 쫓기는 삶에 대해 우리는 이중적인 태도를 갖게 되었다. 바쁨을 원망하면서도 바쁨을 추구하는 이중적인 모습이 등장하게 된 것이다. 이런 이중적인 현상은 왜 나타나게 된 것일까?

우리는 이것이 두 가지 개념이 혼재되어 쓰이기 때문이라고 보았다.

이를 위해 미국의 심리학자 팀 카셀Tim Kasser과 캐논 셸던Kennon M. Sheldon의 시간 연구 내용을 토대로 시간과 관련된 현상을 심리적 측면과 행동적 측면으로 구별했다(Kasser & Sheldon, 2009).

심리적 측면이란, '시간 빈곤' 현상으로 해야 하는 일 또는 하고 싶은 일을 하기에 시간이 부족함을 주관적으로 인식하는 것을 말한다. 행동적 측면이란, '바쁜 일상'으로 실제 일상생활에서 얼마나 바쁘게 생활하는가를 의미한다.

바쁜 일상을 보낸다고 해서 반드시 시간 빈곤을 경험하는 것은 아닐 수 있다. 몸은 분주하지만 마음은 시간의 여유를 느낄 수 있고, 반대로 몸은 분주하지 않지만 마음은 여유가 없을 수도 있다. 따라서 시간에 쫓기는 삶(시간 빈곤)과 바쁜 삶(바쁜 일상)을 구분해, 시간과 행복의 관계를 살펴보는 것이 중요하다.

과연 2019년 한국인들은 얼마나 시간 빈곤에 시달렸을까? 동시에 얼마나 바쁜 일상을 살았을까? 이를 위해 한국인들이 평소에 어느 정도로 시간이 부족하다고 느끼는지(시간 빈곤), 어느 정도의 바쁜 일상을 살아가는지(바쁜 일상), 그리고 이 두 가지 개념이 각각 행복에 어떻게 다른 영향을 미치는지 규명해보았다.

당신은 바쁜 일상에도
마음에 여유를 가진 사람인가?
몸은 한가해도 마음은 조급한 사람인가?

시간 빈곤과 바쁜 일상을 측정하다

미국의 심리학자 카셀과 셸던이 개발한 시간 관련 척도 문항들을 요인 분석해, 시간 빈곤을 측정하는 문항들과 바쁜 일상을 측정하는 문항들을 구분했다. 응답자들은 각 문항에 동의하는 정도를 7점 척도(1점=전혀 아니다, 7점=매우 그렇다)상에서 나타냈다.

시간 빈곤 및 바쁜 일상 척도 측정 문항

시간 빈곤

1 해야 할 일에 비해 시간이 부족한 편이다.

2 하고 싶은 일을 하기에 시간이 부족한 편이다.

바쁜 일상

1 주변 사람들보다 바쁜 편이다.

2 보통 사람들보다 빠른 속도로 걷는 편이다.

3 시간을 자주 확인하는 편이다.

4 나는 항상 서두르는 편이다.

한국인의 시간 빈곤과 바쁜 일상

2019년 시간 조사에 총 3만 9,854명이 참여했다. 여성 응답자가 79.4%로, 남성 응답자 20.6%보다 4배 가까이 많았으며, 10~30대 응답자들이 78.1%로 대다수를 차지했다. 시간 빈곤과 바쁜 일상 측정 문항의 크론바흐 알파계수는 각각 0.81과 0.70이었다.

2019년 한국인들이 느낀 시간 빈곤 평균값은 7점 만점에 4.87(표준편차 1.61)이었다. 보통 이상으로 시간이 부족하다고 느낀 4점 이상의 응답자가 무려 77.5%로 많은 사람들이 평소에 시간이 부족하다고 느끼며 사는 것으로 나타났다.

반면 2019년 대한민국의 바쁜 일상 점수 분포는 조금 다른 양상을 보였다. 바쁜 일상 평균값은 7점 만점에 4.45(표준편차 1.20)로, 점수 분포는 완벽한 대칭의 형태를 보였다. 바쁜 일상 점수는 보통인 4점대가 34.9%로 가장 높았다.

크론바흐 알파계수 (Cronbach α)
특정 개념을 측정하기 위해 만든 여러 문항들의 일관성 정도를 계산한 신뢰도 지수다. 계수의 범위는 0부터 1까지로 값이 높을수록 신뢰도가 높다. 일반적으로 0.8~0.9의 값을 가지면 신뢰도가 매우 높은 것으로 간주하며, 0.7 이상이면 적절하다고 판단한다.

두 그래프에서 확인할 수 있듯이 바쁜 일상보다는 시간 빈곤이 더 우측으로 치우쳐져 있다. 이는 객관적으로 바쁜 것보다 심리적으로 시간 빈곤을 느끼며 사는 사람들이 많다는 것을 시사한다. 또한 바쁜 일상과 시간 빈곤이 서로 다른 개념임을 의미하기도 한다.

시간 빈곤 점수대별 분포 —————————————

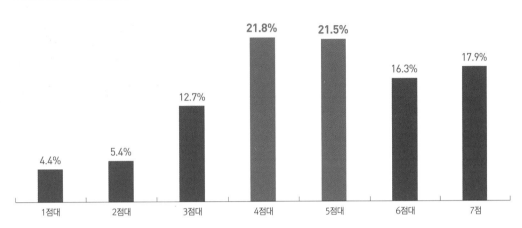

바쁜 일상 점수대별 분포 —————————————

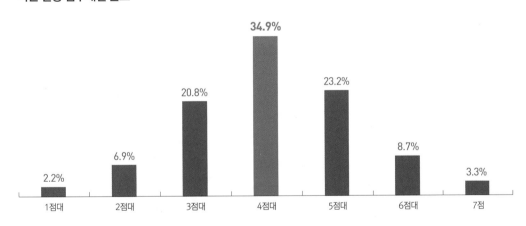

여성과 남성, 누가 더 시간이 부족하다고 느낄까?

한국인의 시간 빈곤을 성별로 분석한 결과, 여성이 평균 4.88로, 평균 4.84를 나타낸 남성에 비해 더 시간이 없다고 느끼는 것으로 나타났으나 차이는 크지 않았다. 이와 달리 바쁜 일상 점수에서는 남성이 평균 4.56으로, 여성 평균 4.42에 비해 높게 나타나 더 바쁘고 분주한 일상을 보낸다고 보고했다.

연령에 따른 시간 빈곤과 바쁜 일상의 추이

시간 빈곤과 바쁜 일상을 연령별로 본 결과, 매우 상이한 패턴이 발견되었다. 먼저 시간 빈곤의 경우, 개인이 해야 할 일과 하고 싶은 일을 하기에 시간이 가장 부족하다고 느끼는 연령은 10대, 20대, 30대인 것으로 나타났다. 그중 가장 시간이 없다고 느낀 연령은 30대였다. 30대까지 시간 빈곤이 심해지다가, 40대부터는 조금씩 완화되는 패턴을 보였다.

바쁜 일상의 경우는 시간 빈곤과 다른 추이를 보였는데, 40대까지 바쁜 일상은 계속 증가하다가, 50대에 이르러서야 약간 감소했다. 참고로 60대 이상의 응답자의 경우 표본의 상대적 부족으로 분석의 정확성을 높이기 위해 50대와 함께 묶어 분석했으며, 총 3,271명이 참여했다.

결론적으로 일상이 바쁜 현상은 나이와 함께 40대까지 계속 증가했지만, 심리적으로 시간의 여유를 느끼는 정도는 40대부터 좋아지는 것으로 나타났다. 40대부터 몸은 바쁘지만 마음의 여유를 느끼기 시작한 것이다.

연령별 시간 빈곤과 바쁜 일상 변화

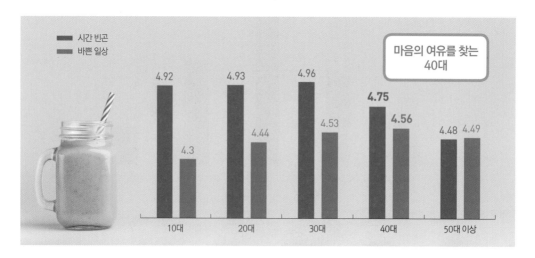

그렇다면 연령에 따른 변화는 남녀가 다른 모습을 보일까? 우선 시간 빈곤을 보면 남성이 여성에 비해 30~40대에 시간 빈곤을 더 많이 느끼는 것으로 나타났다. 남성은 50대 이후 퇴직을 하게 되면서 시간 빈곤이 급속히 감소했다. 그러나 여성은 은퇴가 없는 가사에 많은 시간을 보내기 때문에 50대 이후에도 시간 빈곤이 크게 줄어들지 않았다. 그 결과 50대 이후부터 시간 빈곤 현상이 남녀에게서 역전되는 현상이 나타났다.

성별×연령별 시간 빈곤 변화

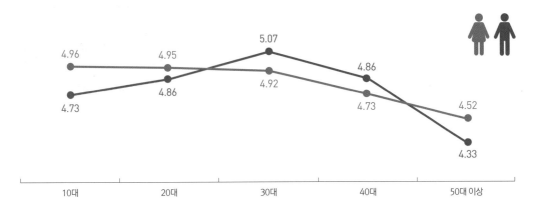

연령에 따른 남녀 차이는 바쁜 일상에서 더 적나라하게 드러났다. 바쁜 일상의 경우 40대까지 남성이 여성보다 더 높게 나타났지만, 50대 이상에서는 시간 빈곤과 마찬가지로 남녀가 역전되는 현상을 보였다. 여성의 경우 연령이 높아질수록 바쁜 일상은 계속해서 증가하며 50대 이후에도 급격한 변화가 이루어지지 않았다. 하지만 남성의 경우 은퇴가 이루어지는 시기인 50대를 기점으로 일상생활의 루틴이 많이 달라지는 것으로 보인다.

성별×연령별 바쁜 일상 변화

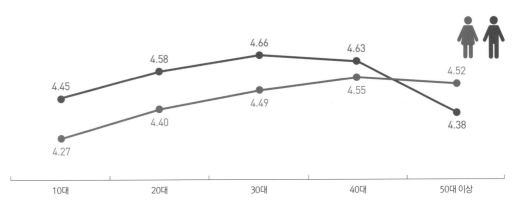

서울이 제일 바쁘고, 제주가 가장 느긋하다

시간 빈곤의 지역 간 차이는 크지 않았으나, 가장 시간이 없다고 느끼며 사는 지역은 대전과 서울로 나타났고, 시간의 여유를 많이 경험하는 지역은 울산과 경남이었다.

또한 바쁜 일상을 보내는 지역은 수도권인 서울과 경기였고, 제주에 사는 사람들이 가장 느긋한 일상을 경험하며 사는 것으로 나타났다. 놀라운 점은 해외에 사는 한국인들이 시간 빈곤과 바쁜 일상 모두에서 1위를 차지했다는 것이다. 해외에 살면 더 많은 시간 여유를 갖고 느긋한 일상을 지낼 것이라고 생각할 수 있지만, 실제로는 그렇지 않음을 보여준다.

일상을 가장 느긋하게 보내는 지역은?

지역별
시간 빈곤과 바쁜 일상

지역별 시간 빈곤 지수

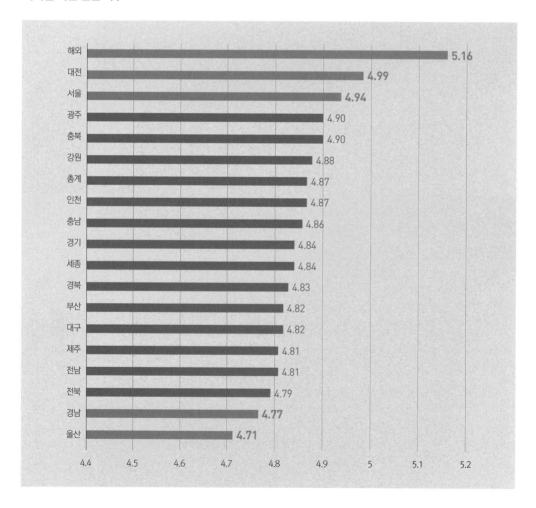

지역별 바쁜 일상 지수

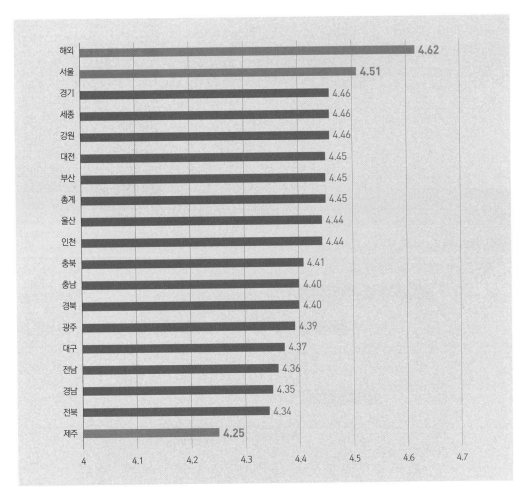

해외	4.62
서울	4.51
경기	4.46
세종	4.46
강원	4.46
대전	4.45
부산	4.45
총계	4.45
울산	4.44
인천	4.44
충북	4.41
충남	4.40
경북	4.40
광주	4.39
대구	4.37
전남	4.36
경남	4.35
전북	4.34
제주	4.25

해외에 사는 한국인들이 시간 빈곤과
바쁜 일상 모두에서 1위를 차지했다.
상상과 달리 해외에서의 일상은
그리 여유롭지 않았다.

시간 빈곤과 바쁜 일상이 행복에 미치는 영향

앞에 소개된 결과들을 통해 시간 빈곤과 바쁜 일상이 서로 구별되는 현상임을 알 수 있다. 그렇다면 시간 빈곤과 바쁜 일상은 우리의 행복에 어떤 영향을 미칠까?

우선 시간 빈곤은 안녕지수 총점 및 삶의 만족과 부적인 관계를 맺고 있었다. 또한 시간 빈곤은 삶의 의미에는 아주 약간의 도움이 되었지만, 즐거움, 평안함과 같은 긍정정서 경험을 줄이고, 짜증, 우울, 불안과 같은 부정정서 경험을 증가시켰다. 다시 말해 시간이 없다고 느낄 때 삶의 만족과 긍정정서 경험은 줄어들고, 부정정서를 더 많이 경험하는 것으로 나타났다.

자존감을 높이는 키워드, 바쁜 일상

시간이 없는 불행, 바쁜 행복

시간 빈곤과 행복의 관계

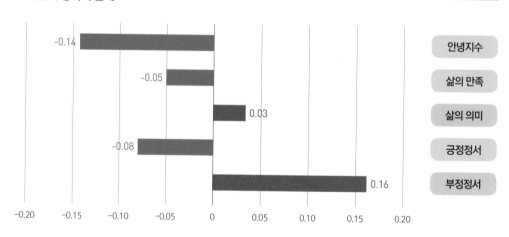

바쁜 일상과 행복의 관계

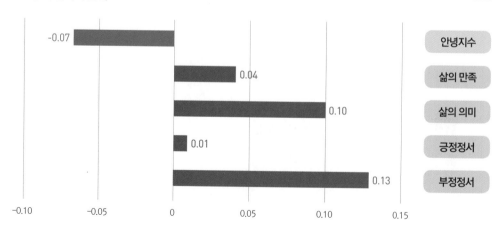

하지만 바쁜 일상은 시간 빈곤과는 달리, 오히려 삶의 만족, 삶의 의미, 그리고 긍정적 감정 경험을 높이는 것으로 나타났다. 그러나 동시에 부정적 감정도 증가시켰는데, 바쁜 일상을 사는 것이 삶의 만족과 의미, 즐거움을 가져다주지만 동시에 짜증, 우울, 불안도 동반한다는 것을 의미한다.

시간에 쫓기는 것은 싫지만 바쁜 일상의 루틴은 괜찮아

그렇다면 시간 빈곤과 바쁜 일상이 우리 인생의 행복에 미치는 영향은 연령에 따라 어떻게 다르게 나타날까? 회귀분석을 통해 시간 빈곤과 바쁜 일상이 안녕지수에 미치는 영향을 분석한 결과, 시간 빈곤이 바쁜 일상보다 안녕지수에 더 큰 상대적 영향을 주는 것으로 나타났다. 시간 빈곤은 모든 연령의 안녕지수에 부정적인 영향을 미쳤다. 그중에서도 특히 낮은 연령의 행복에 악영향을 미치고 연령이 높아질수록 그 영향력은 점차 줄어들었다.

그러나 바쁜 일상은 시간 빈곤과 달리 10대에게는 부정적인 영향을 미쳤지만, 이후 연령의 안녕지수에는 큰 영향을 미치지 못했다.

종합하면, 일상이 바쁜 것 자체는 10대를 제외하고는 행복에 큰 영향을 주지 않았으나, 시간의 여유를 느끼지 못하는 심리적 상태는 모든 연령에서 행복과 부적인 관계를 맺고 있었다. 다시 말해 바쁜 것은 괜찮지만 시간에 쫓기는 것은 행복에 큰 문제였다.

시간 빈곤과 바쁜 일상이 안녕지수에 미치는 영향

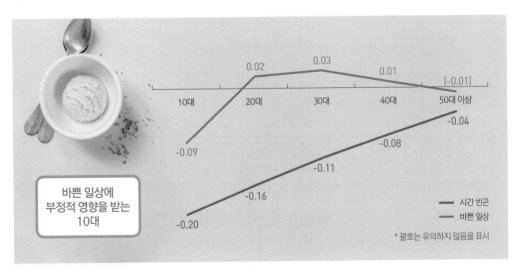

바쁜 일상에 부정적 영향을 받는 10대

0.02 0.03 0.01 (-0.01)

10대 20대 30대 40대 50대 이상

-0.09

-0.16

-0.11

-0.08

-0.04

-0.20

— 시간 빈곤
— 바쁜 일상

*괄호는 유의하지 않음을 표시

안녕지수를 하위 지표들로 세분화해 분석하면 더 흥미로운 패턴이 발견된다.

먼저 부정정서 결과를 보면 시간이 부족하다고 느끼거나 일상생활이 바쁜 두 경우 모두 부정적인 감정을 느끼는 것으로 나타났다. 그러나 50대를 제외한 대부분의 연령에서 바쁜 일상보다는 시간 빈곤이 부정정서를 더 많이 일으키는 것으로 나타났다. 일상이 바쁜 것보다는 마음 속 시간 빈곤이 더 문제임을 보여준다.

흥미롭게도, 삶의 만족과 삶의 의미는 바쁜 일상으로 오히려 좋아지는 것으로 나타났다. 이런 현상은 연령이 높아질수록 분명해졌다. 특히 주목할 점은 일상이 바쁜 것이 마음 속 시간의 빈곤보다 삶의 의미와 만족을 경험하는 데 유리하게 작동하는 것으로 나타났다는 점이다. 또한 나이가 들수록 바쁜 삶에서 느끼는 삶의 만족과 의미는 강해지고, 부정정서는 약해졌다.

중요한 시사점을 주는 대목은 50대 이상에서 바쁜 일상이 특히 삶의 만족을 높이고 삶의 의미에도 좋은 영향을 주었다는 점이다. 50대에 접어들면 대부분 은퇴를 하게 되며 시간적 여유가 더 생기게 되는데, 이 시기에 바쁜 일상을 사는 사람들이 더 큰 행복을 느낀다는 점은 매우 흥미로운 가능성을 제시한다. 즉 50대 이후에 바쁘게 살아가는 사람들은 여전히 직업이 있거나, 은퇴 후에도 여전히 자신의 삶의 루틴을 유지하고 있는 사람들일 가능성이 있다.

미국의 노년학자 데이비드 에커트David Ekerdt와 캐서린 코스Catheryn Koss 연구에 따르면, 은퇴 이후에도 일정한 시간적 루틴을 유지하며 사는 사람들이 행복하다고 한다(Ekerdt & Koss, 2016).

본 조사에 참가한 50대 이상의 응답자들의 직업 유무를 분석하면, 50대 이후에 바쁜 일상과 행복이 정적 관계로 변하는 이유가 여전히 직업이 있기 때문인지, 아니면 삶의 루틴을 유지하고 있기 때문인지 알 수 있을 것이다. 그러나 아쉽게도 개인 정보 보호 때문에 본 조사에서는 직업의 유무를 알아보지 못했다. 후속 연구에서 더 밝혀져야 할 주제다.

시간 빈곤과 바쁜 일상이 부정정서에 미치는 영향

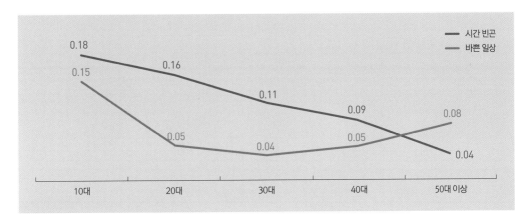

시간 빈곤과 바쁜 일상이 삶의 만족에 미치는 영향

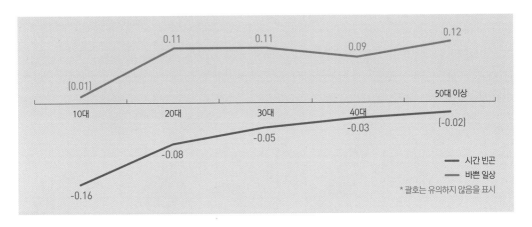

시간 빈곤과 바쁜 일상이 삶의 의미에 미치는 영향

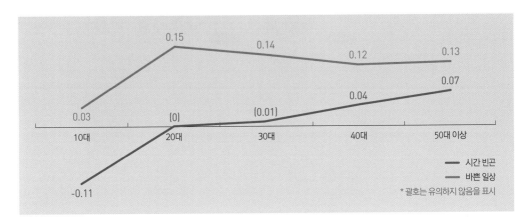

나이가 들수록 바쁜 일상은 자존감에 유리

나이가 들수록 바쁜 일상이 행복에 유리하게 작용하는 이유는 무엇일까? 바쁜 일상과 행복의 관계를 결정하는 많은 변인들이 존재하겠지만, 우리는 그중 자존감에 주목했다. 이에 일정 연령 이후부터는 바쁜 삶이 자존감에 긍정적으로 작용해 행복을 증진시킨다는 가설을 세우고, 이를 알아보기 위해 바쁜 일상과 자존감 측정에 모두 응한 7,918명의 데이터를 분석했다.

분석 결과는 예상과 일치해, 30대 이후부터 바쁜 일상과 자존감이 정적 관계를 보였고, 이 패턴은 나이가 들수록 더 강해졌다. 이 결과는 나이가 들수록 바쁜 일상이 자신의 존재 가치를 확인시켜주는 장치임을 시사한다.

시간 빈곤과 행복의 관계도 자존감에 의해 설명될 수 있을까? 이에 바쁜 일상과 달리 시간 빈곤이 자존감에 부정적인 영향을 미쳐서 행복을 저해할 것이라는 가설을 세우고 데이터를 분석했다. 그 결과 10~30대까지의 연령에서 시간 빈곤과 자존감은 부적인 관계를 맺고 이 때문에 행복이 저하되는 것을 발견했다. 그 이후 연령에서는 이런 관계가 발견되지 않았다.

바쁜 일상은 우리의 가치를 확인시켜주는 단서로 작동한다. 특히 나이가 들수록 바쁘게 산다는 것은 자신의 존재를 확인시켜주는 기제로 작동할 수 있다. 따라서 일상이 분주하다는 것은 젊을 때는 불행이지만, 아이러니하게도 나이가 들수록 그 자체로 자존감과 행복의 원천이 된다.

이와 달리, 시간 빈곤의 심리적 상태는 나이와 상관없이 부정인 감정을 촉발한다. 그러나 이 또한 나이가 들수록 삶의 의미를 느끼게 해주는 긍정적인 요소로 작동한다.

결국 이로부터 젊은 사람들에게는 시간적 여유가 선물이 되고, 은퇴 이후의 사람들에게는 바쁜 일상이 선물이 될 수 있다는 통찰을 이끌어낼 수 있다.

Summary

- 현대인의 시간 개념은 심리적 측면인 '시간 빈곤'과 행동적 측면인 '바쁜 일상'으로 나눌 수 있다.

- 일상이 바쁜 현상은 40대까지 계속 증가하지만, 심리적으로 시간의 여유를 느끼는 정도는 40대부터 좋아진다.

- 남성의 경우, 50대 이후부터 시간 빈곤과 바쁜 일상의 강도가 급격히 감소한다. 여성의 경우, 남성만큼의 급격한 변화가 없다.

- 시간 빈곤은 전체적인 안녕지수, 삶의 만족, 긍정정서, 부정정서에 모두 부정적인 영향을 미친다. 반면, 바쁜 일상은 부정정서를 유발하지만, 동시에 삶의 만족, 삶의 의미, 긍정정서를 높인다.

- 바쁜 일상은 자존감을 높여서 30대 이상 사람들의 행복에 긍정적으로 작용한다.

Maximization

행복한 사람들은
완벽보다 타협을 선택한다

좋은 삶을 위한 선택과 결정의 기술

우리는 매일 다양한 선택을 하고, 그 결과에 따라 서로 다른 행복의 정도를 경험한다. 하지만 보통 생각하는 것과 달리, 행복은 선택의 결과가 아닌 과정 자체에 더욱 큰 영향을 받는다. 그리고 그 과정에서 가능한 모든 대안을 고려하려는 경향은 오히려 미처 고려하지 못했을 대안에 대한 불안과 후회를 가져오기도 한다. 이런 극대화 성향과 행복은 어떤 관계이며, 대한민국의 극대화 경향은 어느 정도인지 측정해보았다.

그러므로 무엇을 먹을까, 무엇을 마실까, 무엇을 입을까, 하고 걱정하지 말아라.

- 마태복음 6장 31절(대한성서공회 새번역)

선택의 축복과 저주

우리는 매일 수많은 선택을 한다. 무엇을 먹을까, 무엇을 살까, 무엇을 하며 시간을 보낼까. 또한 이런 일상적인 선택 말고도, 인생의 기로를 결정하는 굵직한 선택을 내리기도 한다. 선택은 그것이 무엇이든 우리의 행복에 영향을 미친다. 때로는 행복에 도움이 되기도 하고, 때로는 행복에 방해가 되기도 한다.

선택이 행복에 미치는 영향은 비단 선택의 결과 때문만은 아니다. 선택하는 과정 자체도 행복에 영향을 줄 수 있다. 선택의 여지가 아예 없는 선택 과정은 우리를 무력하게 만든다. 반면, 선택지가 너무 많아도 부담스럽다. 선택하는 과정에서 사람들이 보이는 특징들과 그에 따른 주관적 경험은 오랜 기간 심리학의 연구 주제였다. 그중에서도 '극대화maximization'라는 개념이 특히 주목을 받아왔다.

극대화는 모든 선택에서 최고의 선택을 내리려는 심리적 경향성을 지칭한다. 최고의 선택을 내리려는 욕구에 개인차가 있을까 싶지만, 연구에 따르면 극대화 경향이 강한 사람들, 즉 극대화자는 maximizer, 모든 가능한 대안들을 전부 고려한 후에 그중에서 최고의 대안을 고르려고 한다.

반면에 극대화 경향이 약한 사람들, 심리학에서 만족자satisficer라고 부르는 사람들은 적당한 대안을 만나면 그 대안을 선택하고 만족해한다. 이와 달리 극대화자는 수많은 대안들을 고려하려고 하기 때문에 선택 과정이 어려울 뿐만 아니라, 선택을 내린 후에도 더 나은 대안이 있을 수도 있다는 생각에 불안해하고 심지어 후회하기도 한다.

최고를 추구하는 사람은
선택 후에도 더 나은 대안을 떠올리며
만족하지 못하고 불안해한다。

최선의 선택이 지닌 치명적 오류

극대화 성향을 통한 행복 측정

사후 가정 사고 (counterfactual thinking) 어떤 사건을 경험한 후에, 일어날 수도 있었지만 결국 일어나지 않았던 가상의 대안적 사건을 생각하는 것을 말한다. ▶

극대화자는 행복에서 손해를 본다

극대화에 관한 선행 연구에 따르면, 극대화 성향은 대체적으로 부정적인 행복 지표들과 연관되어 있다. 극대화 성향이 높은 사람들은 극대화 성향이 낮은 사람들에 비해 결정을 하는 과정에서 더 많은 부정정서와 스트레스를 경험하며, 결정에 대해 덜 만족하고 후회하는 경향이 있다. 이에 따라 전반적으로 더 낮은 삶의 만족감을 경험하며, 덜 낙관적이며, 더 낮은 자존감을 보이고, 더 높은 우울 및 자살 위험이 있다.

또한 극대화 성향이 높은 사람들은 신경증적이고 완벽주의적인 기질을 갖고 있으며, 과거의 일에 대해 지나치게 숙고하고, 사후 가정 사고를 많이 하는 것으로 나타났다.

일부 연구는 극대화 성향이 높은 사람들이 반드시 나쁜 결과만을 경험하는 것은 아니라는 것 또한 밝혀주고 있다. 더 많은 선택지를 고려하는 만큼 객관적으로 더 좋은 결과를 얻기도 한다. 한 연구에 따르면 대학 취업 준비생들 중 극대화자들의 취업 성공률이 더 높았으며, 그들은 취업 후 더 높은 연봉을 받는 것으로 나타났다. (lyengar, s. s., wells, R. E., Schwarts, B., 2006)

하지만 더 나은 객관적 결과를 얻기 위해 수많은 대안들을 탐색하고 검토하는 과정에서 최종 선택에 대한 만족감은 희생될 수 밖에 없었다. 즉 극대화자들은 최고의 선택을 내리기 위해 노력하지만 그 과정에서 행복의 손해를 경험할 확률이 높다.

스트레스, 낮은 자존감, 우울… 극대화 성향이 가져오는 부정적인 행복 지표。

극대화 성향은 어떻게 측정할까?

극대화 성향은 어떻게 측정할 수 있을까? 지금까지 개발된 여러 극대화 척도 가운데, 기존 연구에서 가장 많이 사용된 극대화 성향 척도maximization scale를 한국인의 문화에 맞게 수정하고 그중에서 통계적 기준에 잘 부합하는 11문항을 사용했다(Schwartz et al., 2002). 응답자들은 각 문항들에 동의하는 정도를 7점 척도(1=전혀 아니다, 7=매우 그렇다)상에서 나타냈다.

극대화와 행복의 관계

서양에서 이루어진 기존 연구에서는 극대화와 행복 사이에 부적인
관계가 있음이 밝혀졌다. 과연 대한민국은 어땠을까?

극대화 평균값과 행복 지표들의 관계

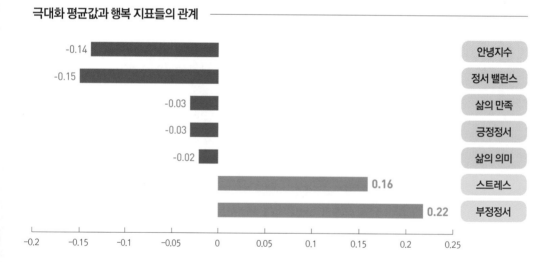

분석 결과, 극대화 성향과 안녕지수 총점 사이에 강하지는 않았지만
부적 상관(r=-.14)이 있는 것으로 나타났다. 즉 최고의 선택을 하려는
경향이 강할수록 낮은 행복을 경험할 확률이 높았다.

또한 안녕지수에 포함된 삶의 만족, 삶의 의미, 긍정정서, 부정정서, 스트레스 등 다양한 하위 지표들과 극대화 성향이 어떤 관계가 있는지 더 자세히 들여다보았다.

이에 따라 극대화 성향 평균값과 각 하위 지표의 평균값과의 상관관계를 분석해본 결과, 극대화 성향은 부정정서(r=.22) 및 스트레스(r=.16)와 정적 상관을 보였다. 부정적인 행복 지표들인 부정정서 및 스트레스와 정적 방향으로 상관이 나타났다는 것은, 극대화 성향이 부정적인 행복 지표와 관련된다는 것을 다시 한번 확인시켜주는 결과다.

이에 반해, 긍정적인 하위 지표인 삶의 만족(r=-.03), 긍정정서(r=-.03), 삶의 의미(r=-.02)와는 매우 미미한 부적 상관을 보였다. 즉 극대화 성향은 긍정정서나 안녕감의 인지적인 요소보다는 부정정서 및 스트레스와 더 큰 관련이 있었다.

극대화 성향은
행복을 떨어뜨리고 스트레스를 증가시킨다。

극대화와 행복, 성과 연령에 따라 달라지는가?

극대화 성향과 행복의 이런 관계는 성별이나 나이와도 관련이 있을까? 극대화가 행복을 저하시키는 현상은 남성(r=-.13)과 여성 (r=-.15) 모두에게서 비슷하게 나타났다.

또한 나이와도 관계가 없었지만 나이에 따라 관련성이 약간 강해지는 패턴을 보였다. 이는 적당히 만족하는 선택을 하는 것이 나이가 들수록 더 중요하다는 점을 시사한다.

적당한 선에서 만족한다면 행복해진다

성별, 연령별 극대화와 행복의 관계

연령별 극대화와 안녕지수의 관계

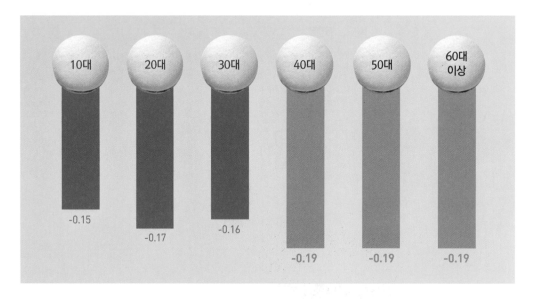

10대	20대	30대	40대	50대	60대 이상
-0.15	-0.17	-0.16	-0.19	-0.19	-0.19

2019 대한민국 극대화 점수는?

극대화와 행복의 관계를 염두에 두고, 대한민국에서 극대화 성향이 어떻게 나타나는지 조금 더 자세히 살펴보자. 한국인들의 극대화 점수는 7점 만점에 4.1(표준편차 0.96)로 나타났다. 극대화 척도의 점수대별 분포를 살펴보면, 극대화 점수가 상대적으로 낮은 3점대 이하의 응답자가 46.57%를 차지했고, 극대화 점수가 상대적으로 높은 5점대 이상의 응답자가 16.84%를 차지했다.

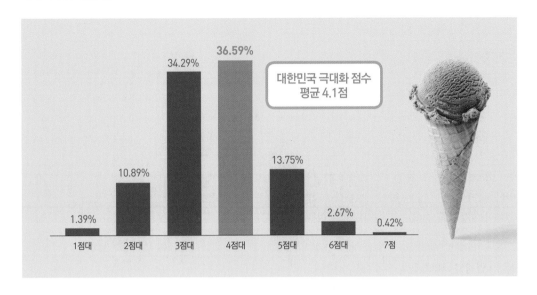

극대화 성향은 나이에 따라 어떻게 변할까?

그렇다면 나이에 따라 극대화 성향은 어떻게 달라질까? 그래프에서 볼 수 있듯이 극대화 성향은 나이에 따라 서서히 감소하는 추세를 보였다. 60대 이상에서 반등하는 것처럼 보이지만, 60대 이상의 표본 수가 크지 않기 때문에 의미 있는 반등이라고 보기에는 무리가 있다.

즉 연령이 높을수록 적당한 선에서 만족하는 선택 경향이 강해진 것이다. 이는 나이가 들수록 행복이 증가하는 것과 무관하지 않은 패턴이다.

연령별 극대화 성향 점수 변화

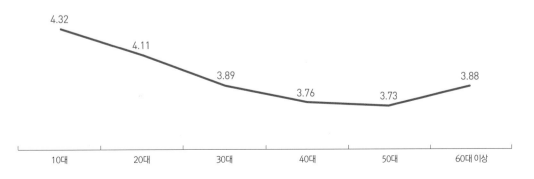

극대화 성향의 남녀 차이

극대화 성향에 남녀 차이가 있을까? 한국인의 극대화 성향 평균값을 성별로 분석해본 결과, 여성이 4.0, 남성이 4.1로 그 차이가 크지 않았다.

나이가 들수록 극대화 성향의 남녀 차 벌어져

남녀 모두 나이가 들면서 극대화 경향이 줄어들었다. 흥미롭게도 여성의 감소 폭이 커서 남녀의 차이가 나이와 함께 증가하는 것으로 나타났다. 즉 나이가 들수록 남녀 모두 극대화 성향이 점차 줄어드는 경향을 보였지만, 여성에게서 극대화 성향이 더 확연하게 줄어들었다. 적당한 선에서 만족하는 경향이 나이와 함께 증가하지만, 그 경향이 여성에게서 더 크게 나타난 것이다.

성별 × 연령별 극대화 점수 변화

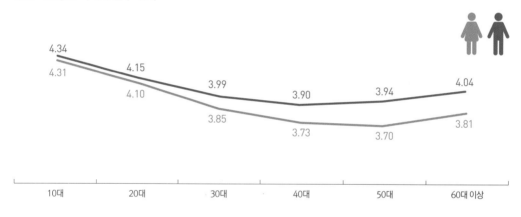

	10대	20대	30대	40대	50대	60대 이상
여성	4.31	4.10	3.85	3.73	3.70	3.81
남성	4.34	4.15	3.99	3.90	3.94	4.04

적당한 선에서
만족하는 경향은 나이가 들수록,
여성에게서 더 크게 나타난다。

거주지에 따라 극대화 정도도 다를까?

지역별 극대화 성향

극대화 점수, 해외 거주자들에게서 가장 높아

거주 지역에 따라서도 극대화 점수에 차이가 날까? 거주 지역별 극대화 점수 평균값을 계산한 결과, 해외에 거주하는 사람들의 극대화 성향이 4.15로 가장 높게 나타났다.

그 뒤를 이어, 세종과 강원이 각각 4.12와 4.10으로 극대화 점수가 상대적으로 높았다. 반면 극대화 성향이 가장 낮은 지역은 4.01의 경북이었으며, 그다음 대구가 4.02, 울산이 4.03으로 비교적 낮게 나타났다.

지역별 극대화 점수

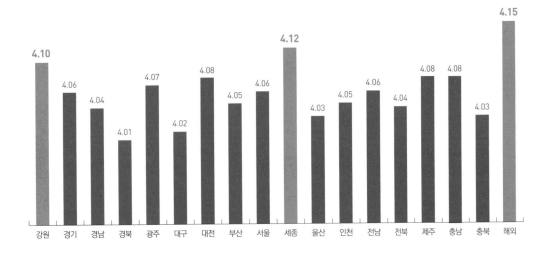

한편 거주 지역별로 극대화 점수가 남녀에 따라 어떻게 다르게 나타나는지도 살펴보았다. 극대화 점수는 전북을 제외한 모든 지역에서 남성이 여성에 비해 높게 나타났다. 그중 극대화 점수의 남녀 차이가 가장 많은 지역은 대구였으며, 가장 적은 지역은 제주였다.

극대화 성향의 남녀 차이는
제주에서 가장 적게 나타났다.

성별×지역별 극대화 점수 차이

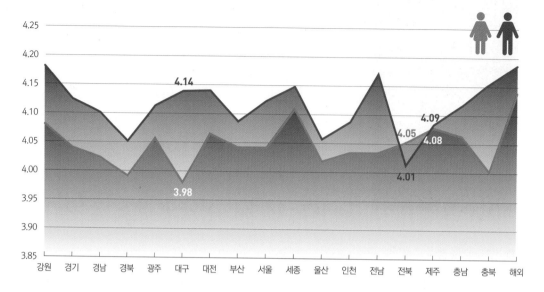

Summary

- 최고의 선택을 위해 가능한 모든 대안을 검토하고자 하는 극대화 성향은 행복과 부정적인 관계에 있다.

- 극대화 성향은 특히 부정정서와 스트레스에 영향을 준다.

- 극대화 성향과 행복의 부정적인 관계는 남녀 모두에게서 동일하며 나이와도 크게 상관이 없다. 다만 나이가 들수록 극대화의 부정적 영향이 조금 커진다.

- 극대화 성향은 나이가 들수록 감소하며, 감소 폭은 여성에게서 더 크다. 즉 적당한 선에서 만족하는 경향은 나이가 들수록, 특히 여성에게서 강하게 나타난다.

최고의 선택은 좋은 결과를 가져오지만
그 과정에서 행복을 저하시킨다。

Distrust

행복한 사람들은
타인을 의심하지 않는다

인간관계에서 스트레스를 받지 않는 사람들의 비밀

우리는 불확실한 시대 속에서 많은 것을 의심하며 살아간다. 쉴 새 없이 쏟아지는 정보의 사실 여부를 의심하기도 하고, 때로는 사람 자체를 의심을 하기도 한다. 상대의 말이 진심인지, 그 행동이 순수한 의도에서 나온 것인지 의심을 거듭한다. 여기에서는 한국인들이 타인을 얼마나 의심하고 있으며, 이런 의심이 스스로의 행복에 어떤 영향을 미치는지 알아보았다.

그들은 놀라고, 무서움에 사로잡혀서, 유령을 보고 있는 줄로
생각하였다. 예수께서는 그들에게 말씀하셨다.
"어찌하여 너희는 당황하느냐? 어찌하여 마음에 의심을 품
느냐? 내 손과 내 발을 보아라. 바로 나다. 나를 만져 보아라.
유령은 살과 뼈가 없지만, 너희가 보다시피, 나는 살과 뼈가
있다."

– 누가복음 24장 37~39절(대한성서공회 새번역)

영화 〈곡성〉은 성경의 한 구절로부터 시작한다. 영화가 진행되는 동
안 종구를 비롯한 마을 사람들은 서로를 의심했으며, 결국 모두가
비극을 맞이했다. 〈곡성〉은 의심이 불러오는 비극을 단적으로 보여
준다.

다른 사람을 신뢰하지 못하는 것은 개인에게 많은 비극적인 결과를
가져올 수 있다. 다른 사람에 대한 낮은 신뢰는 외로움뿐만 아니라
자신과 타인의 감정을 알아차리지 못하는 감정 표현 불능증과도 관
련되어 있다(Qualter, Quinton, Wagner, Brown, 2009).

불신은 마키아벨리즘 성격을 구성하는 네 가지 특성들 중 하나다.
마키아벨리즘 성격이란 세상에 대해 냉소적이고, 타인을 속이거나
조종하는 특성의 성격을 말한다(Dahling, Whitake, Levy, 2009). 다른
사람에 대한 불신은 마키아벨리즘 성격의 다른 구성 요소인 부도덕
한 조종, 통제 욕구 등에 비해 정신병리적 특성과 더 밀접하게 관계
를 맺고 있다(김희송, 홍현기, 현명호, 2011).

그렇다면 대한민국 사회 전반에 걸쳐 있는 불신의 정도는 어느 정
도이며, 시간이 지남에 따라 어떻게 변화되어 왔을까? 1981년부터
지속되고 있는 세계 가치관 조사World Value Survey, WVS 의 자료를 분
석한 결과 지난 30년 사이에 대한민국 사회에서는 타인에 대한 신
뢰도가 크게 감소한 것으로 나타났다.

'대부분의 사람들을 믿을 수 있다'에 동의한 비율이 1차 조사(1981~
1984년)에서는 36%였으나, 가장 최근인 6차 조사(2010~2014년)에
서는 26.5%로, 약 10% 감소한 것으로 나타났다. 같은 기간 동안 일
본은 37.4%에서 35.9%로 고작 1.5%가 감소했으며, 중국의 경우
최초 조사에 참여했었던 2차 조사(1990~1994년) 당시 59.4%였던
것이 6차 조사에서 60.3%로 오히려 증가했다.

우리는 서로를 얼마나 의심하고 있을까?

성별, 연령별, 지역별 불신 정도

2019년 대한민국의 의심 성향을 측정하기 위해 마키아벨리즘 척도에서 다른 사람에 대한 불신의 정도를 측정하는 다섯 문항을 사용했다(Dahling, Whitake, Levy, 2009). 응답자들은 각 문항을 읽고 5점 척도(1=전혀 동의하지 않는다, 5=매우 동의한다)상에서 나타냈다.

마키아벨리즘 척도 측정 문항

1 사람이 행동하는 동기는 '자신의 이익'이다.

2 다른 사람을 믿지 않으므로 조직에 헌신하고 싶지 않다.

3 내가 속한 조직 사람들은 성공하기 위해 서로를 모함한다.

4 내가 약점을 보이면 친구나 동료가 이용할 것이다.

5 다른 사람들은 내가 손해 보는 상황을 이용할 것이다.

조사에 참여한 총 2만 8,743명 가운데 여성 응답자가 2만 2,909명으로 약 80%, 남성 응답자가 5,834명으로 약 20%를 차지했다. 전체 연령 중 20대 응답자가 1만 3,201명으로 약 46%를 차지하며 가장 많았다. 60대 이상의 응답자들이 100명이 채 되지 않았기 때문에 50대와 60대 이상의 응답자들을 묶어서 50대 이상으로 구분했다.

2019년 한국인의 불신 정도는 5점 만점에 평균 2.87(표준편차 .85)이었다. 점수별 분포를 살펴보면, 중간값인 3점을 기준으로 약 53%가 1~2점대에 해당하는 것으로 나타난 반면, 4~5점에 해당하는 사람은 약 12%로 나타났다. 극단적으로 다른 사람을 의심하는 사람들은(모든 항목에 5점 응답) 전체 응답자 중 1.5%인 반면, 의심을 거의 하지 않는 사람들은(1점대) 13.0%로 나타났다.

대한민국 의심 성향의 분포

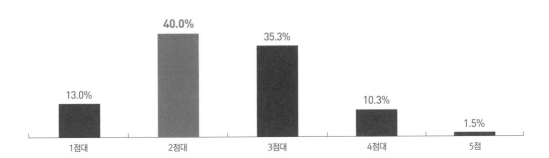

남성과 여성 중 누가 더 의심을 많이 할까?

다른 사람을 의심하는 성향은 남성이 평균 2.92로 여성의 평균 2.85보다 높은 것으로 나타났으나 그 차이는 크지 않았다.

그렇다면 의심 성향이 높은 사람의 비율은 남녀 간에 차이가 있을까? 대한민국 전체 의심 지수의 평균 2.87(표준편차 .85)을 기준으로 높은 의심 성향과 낮은 의심 성향을 보이는 사람을 구분했다.

그 결과 남성들 중 다른 사람에 대한 의심 성향이 높은 사람들은 19.1%로, 의심 성향이 낮은 사람들 17.0%보다 더 많은 것으로 나타났다. 한편 여성의 경우, 남성과 상반되는 결과를 보였다. 여성들은 의심 성향이 높은 사람들이 16.1%, 의심 성향이 낮은 사람들이 19.0%를 차지했다.

큰 차이는 아니었지만, 의심이 여성보다는 남성에게서 더 강함을 보여준다.

남녀의 의심 성향 비율

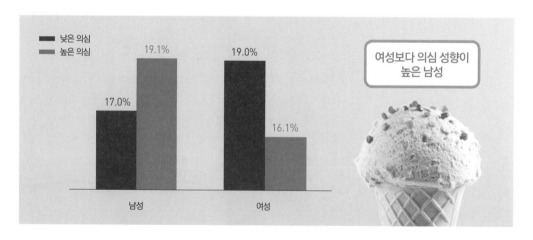

가장 의심이 많은 30대, 그리고 의심이 적은 10대와 50대

다른 사람을 의심하는 성향은 나이에 따라 어떻게 다를까? 의심 성향은 10대부터 증가해 30대에서 정점에 이르다 50대가 되면서 감소했다. 20~30대에 의심 성향이 커진다는 점은 그들이 처한 환경과 무관치 않을 것이다. 치열한 경쟁이 일상인 그들이 타인에 대한 맹목적인 신뢰를 갖기란 매우 어려운 일일 것이다.

연령에 따른 의심 성향 변화

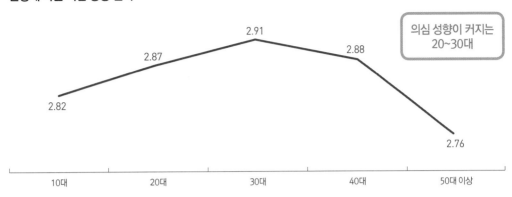

의심 성향이 커지는
20~30대

2.82 (10대)
2.87 (20대)
2.91 (30대)
2.88 (40대)
2.76 (50대 이상)

남성의 의심은 평생 지속된다

연령에 따른 의심 성향은 남성과 여성에게서 다르게 나타났다. 여성의 경우 앞서 10대부터 30대까지 점차 증가하다 40대 이후에 감소하는 것으로 나타났다. 남성의 경우, 10대에 나타난 의심 성향이 계속 증가하다 50대 이상에 이르러 감소하는 듯하지만 통계 검증 결과 여전히 지속되는 것으로 나타났다.

성별×연령별 의심 성향 변화

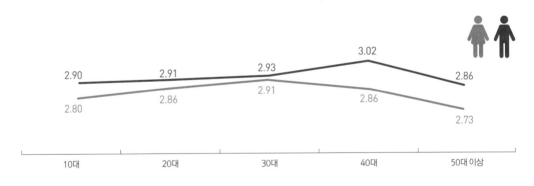

2.90 (10대)
2.91 (20대)
2.93 (30대)
3.02 (40대)
2.86 (50대 이상)

2.80 (10대)
2.86 (20대)
2.91 (30대)
2.86 (40대)
2.73 (50대 이상)

어느 지역 사람들이 더 의심을 많이 할까?

2019년 대한민국의 의심 성향은 지역에 따라 차이가 있을까? 해외를 포함해 지역별 의심 성향에 차이가 있는지 확인한 결과, 지역에 따른 차이는 없었다. 서울과 6개 광역시(부산, 대구, 인천, 광주, 대전, 울산)를 포함한 대도시 사람들의 평균 의심 성향도 2.88(표준편차 .84)로, 그 외 지역의 의심 성향 평균 2.86(표준편차 .85)과 크게 다르지 않은 것으로 나타났다.

다른 사람에 대한 의심은 자신의 행복을 위협한다

의심 성향과 안녕지수와의 상관관계를 분석한 결과, 높은 의심 성향은 안녕지수 총점뿐만 아니라 삶의 만족, 삶의 의미, 긍정정서, 부정정서와 모두 관련되는 것으로 나타났다. 타인을 의심하는 사람일수록 전반적인 안녕감, 삶의 만족, 삶의 의미, 그리고 긍정정서가 감소하는 반면에 부정정서는 더 많이 경험했다.

특히 의심 성향과 안녕지수의 하위 지표들 간 상관관계를 살펴보면, 다른 사람들을 의심하는 성향은 삶의 만족, 삶의 의미, 그리고 긍정정서와 같이 행복의 긍정적인 요소를 감소시키는 것보다 부정정서를 더 많이 경험하도록 만드는 것으로 나타났다. 의심 성향이 개인의 안녕을 위협하는 영향은 남성($r=-.34$)과 여성($r=-.33$)에게서 유사했다.

상대를 의심하면 나의 행복도 의심하게 된다

행복과 불신의 상관관계

의심 성향과 행복의 관계

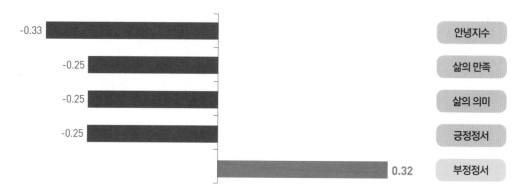

	상관계수
안녕지수	-0.33
삶의 만족	-0.25
삶의 의미	-0.25
긍정정서	-0.25
부정정서	0.32

의심의 부정적인 영향에 가장 취약한 10대와 50대

그렇다면 의심 성향과 행복의 관계는 모든 연령에서 동일할까? 각 연령별 의심 성향과 안녕지수 총점의 상관관계를 분석한 결과, 모든 연령에서 부적으로 나타났다.

흥미롭게도 의심 성향이 행복을 저해하는 효과가 10~40대까지 점차 감소하다 이후에 다시 증가했는데, 다른 사람에 대한 높은 의심 성향과 행복의 저하가 20~40대에 비해 10대와 50대에서 더 강한 관계를 나타낸 것이다. 이런 결과는 안녕지수 총점뿐만 아니라 하위 지표들인 삶의 만족, 삶의 의미, 긍정정서, 부정정서에서도 동일하게 나타났다.

연령별 의심 성향과 행복의 관계

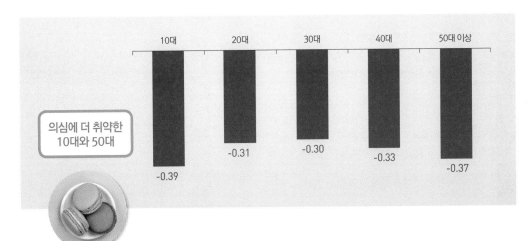

지역에 따라 의심의 영향이 달라질까?

의심 성향이 행복을 저해하는 부정적인 효과는 지역에 따라 큰 차이는 없었다. 다만 서울 및 6개 광역시의 대도시보다 그 밖의 지역에서 약간 더 큰 것으로 나타났다. 특히 이런 차이는 안녕지수 총점뿐만 아니라 삶의 의미와 부정정서의 경험에서 두드러지는 것으로 나타났다.

다시 말해 서울 및 6개 광역시에 거주하는 사람들보다 그 밖의 지역에 거주하는 사람들의 경우, 의심 성향이 높을수록 전반적인 안녕감과 삶의 의미가 더 감소하는 반면에 부정정서는 더 많이 경험했다.

대도시와 그 밖의 지역에서의 의심 성향과 행복의 관계

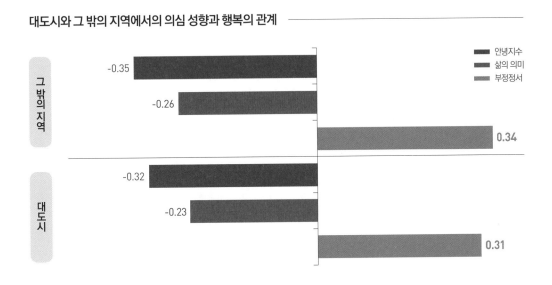

Summary

- 2019년 대한민국의 의심 지수는 전체 5점 만점에 평균 2.87로 비교적 높지 않다. 미세한 차이지만, 남성이 여성보다 의심 성향이 더 높다.

- 30대의 의심 성향이 가장 높다. 흥미로운 점은 남성의 경우, 연령에 따라 의심 성향이 달라지지 않지만, 여성은 10~30대까지 의심 성향이 증가하다 이후에 감소하는 역U자형 패턴을 보이는 것이다.

- 지역 간 의심 성향에 큰 차이는 없다.

- 다른 사람을 의심하는 성향은 안녕지수 총점 및 하위 지표들과 모두 관련되어 있다. 즉 행복한 사람들은 타인을 의심하지 않는다.

- 의심은 연령 및 지역과 상관없이 행복에 부정적 영향을 미친다.

다른 사람에 대한 불신은
자신의 행복을 낮추고
사회의 발전을 저해한다。

Essentialist Belief about Happiness

행복한 사람들은
행복해지는 연습을 한다

○
●

행복은 유전되는가? 아니면 노력의 결과인가?

'열 번 찍어 안 넘어가는 나무 없다'의 정신으로 각고의 노력을 통해 쟁취한 사랑보다 '운명이라고 믿는' 사랑이 더욱 매력적으로 느껴지기 쉽다. 그런 만큼 운명적 사랑에 대한 믿음은 사랑의 크기를 더욱 크게 만들기도 한다. 그렇다면 행복에 대해서도 운명론적 믿음이 행복의 크기를 더욱 크게 만들까? 한국인은 행복에 대해 어떤 믿음을 가지고 있는지, 그리고 행복에 관한 노력주의자와 운명주의자의 행복 수준에 차이가 있는지 알아보았다.

미국 프로농구 NBA 선수들의 평균 신장은 198센티미터에 이른다. 큰 키와 큰 손, 그리고 긴 팔과 같은 신체적 조건은 프로 농구 선수로 성공하기에 매우 유리한 조건임에 틀림없다.

상황이 그렇다 보니 작은 키와 왜소한 체격의 선수가 '빅 맨' 사이에서 뛰어난 기량을 보일 때, 그 선수는 특별한 주목을 받게 된다. 아이제이아 토머스Isaiah Thomas 라는 선수가 그렇다. 그는 NBA 선수들의 평균 신장에 못 미치는 작은 키 때문에 NBA에 어울리지 않는다는 소리를 항상 들어야만 했다.

그러나 2016년 NBA 정규 시즌 이후 그에 대한 평가가 180도 달라졌다. 보스턴 셀틱스 소속이었던 그는 당시 최다 연승 팀인 골든스테이트 워리어를 상대로 눈부신 활약을 펼쳤고 그에게는 작은 거인이라는 닉네임이 붙었다. 작은 키로도 NBA에서 활약할 수 있다는 것을 보여준 대표적인 사례인 셈이다.

만약 그가 '큰 키'를 NBA 선수가 되기 위한 결정적인 요소라고 믿었다면 어땠을까? 스스로에게 'NBA 선수다움'이 없기 때문에 NBA에서 성공하기 위해 자신이 할 수 있는 것이 아무것도 없었다고 믿었다면, 어쩌면 우리는 그를 NBA에서 영원히 볼 수 없었을 것이다.

심리학에서는 이런 믿음을 심리적 본질주의psychological essentialism 라고 부른다. 'NBA 선수'뿐만 아니라 '부자' '가난한 사람' '남성' '동양인' 등의 다양한 범주 안에는 그들을 특정 범주의 사람이게끔 만드는 본질essence적인 요소가 있다고 생각하는 믿음을 말한다. 그 본질을 보유하지 못한 사람은 결코 그 범주의 사람이 될 수 없다고 여기는 믿음이다.

예를 들어, 이런 본질이 존재한다고 믿는 사람들, 즉 본질주의자들은 부에 대해 어차피 다 결정되어 있기 때문에 내가 부자가 될 가능성은 거의 없다고 생각하기 쉽다. 따라서 돈을 벌기 위한 행동을 적극적으로 하지 않을 가능성이 높다.

반면 노력 구성주의effort constructivism 는 이와는 정반대의 신념이다. 구성주의자들은 노력이나 환경에 따라 개인의 특성이 변화할 수 있다고 믿는다. 따라서 노력 구성주의적 신념을 가진 사람은 노력에 의해 혹은 사회의 구조적 변화를 통해 자신도 부자가 될 수 있다고 믿는다. 그러므로 돈을 벌기 위한 행동을 할 가능성도 높다.

이처럼 어떤 특성에 대해 본질주의적 믿음을 가지고 있는지 아닌지에 따라 그 특성과 관련된 우리의 행동은 크게 달라진다.

이는 행복에도 적용된다. 행복을 결정하는 어떤 본질이 존재한다고 믿는 사람들, 즉 행복 본질주의자들은 행복이 유전자와 같은 생물학적 특성에 의해 결정되는 것으로 바라본다(De Neve, 2011). 마치 유전자에 의해 사람의 키가 190센티미터 또는 140센티미터로 정해지는 것처럼, 행복도 유전적인 요인에 의해 결정되기 때문에 개인의 노력에 따라 달라지는 것이 아니라고 믿는다.

반면에 본질주의적 생각을 거부하는 사람들은 행복이 고정불변의 것이 아니라 개인의 노력이나 훈련에 의해 바뀔 수 있다고 믿는다. 이들은 개인의 노력에 따라 더 행복해질 수 있다는 믿음을 가지고 있기 때문에, 행복을 증진시키기 위한 노력을 더 많이 할 가능성이 높다(Busseri & Samani, 2019).

그렇다면 한국인들은 행복 본질주의자일까? 행복 구성주의자일까?

행복에 대한 본질주의적 믿음은 어떻게 측정할까?

행복에 관한 본질주의적 믿음을 측정하기 위해 서울대학교 행복연구센터에서 개발한 척도(Choi, Yoo, Lee, Choi, 2008)를 사용했다. 이는 세 가지 하위 요소, 총 11개의 문항으로 구성되어 있다. 응답자들은 각 문항에 동의하는 정도를 7점 척도(1점=전혀 아니다, 7점=매우 그렇다)상에서 나타냈다.

행복은 타고날까, 바꿀 수 있을까?

행복 본질주의적 믿음 측정

행복 본질주의 척도 측정 문항

행복은 이미 정해져 있으며 변화 가능성이 거의 없다는 불변론

1 개인의 행복은 태어날 때 이미 결정된다.

2 행복한 사람은 정해져 있으며, 살면서 변하지 않는다.

3 일반적으로 개인의 행복 수준은 평생 크게 변하지 않는다.

행복은 유전자나 생물학적 특징으로 설명된다는 생물학적 기초

1 행복은 유전자에 의해 결정된다.

2 행복한 사람은 행복 유전자를 많이 가지고 있다.

3 개인의 행복은 유전적 특징으로 설명할 수 있다.

4 행복은 유전자나 생물학적 요인으로 설명할 수 없다(역계산).

행복은 노력에 따라 달라질 수 있다는 노력 구성주의(역계산)

1 누구나 노력이나 연습을 통해 행복해질 수 있다.

2 개인의 의지에 따라 행복감은 크게 달라질 수 있다.

3 불행한 사람도 노력한다면 행복해질 수 있다.

4 행복은 마음먹기에 달려 있다.

한국인은 평균적으로 본질주의자가 아니었다

행복에 대한 본질주의적 믿음 조사에 총 5만 7,562명이 참여했다. 이들 가운데 여성 응답자가 4만 5,253명으로 전체 약 79%를, 남성 응답자가 1만 2,309명으로 약 21%를 차지했다. 연령별로 살펴보면 20대 응답자가 1만 9,662명을 차지해 약 34%로 가장 많았다.

한국인들의 행복에 관한 본질주의적 믿음을 알아보기 위해 행복 본질주의 척도를 구성하는 세 가지 하위 요소의 평균을 각각 살펴보

왔다. 행복은 상당 부분 결정되어 있으며 변할 가능성이 거의 없다
는 불변론immutability과 개인의 유전자나 생물학적 특성에 의해 행
복이 결정된다는 생물학적 기초biological basis는 각각 7점 만점에
평균 2.70(표준편차 1.37)과 평균 3.34(표준편차 1.40)로 나타났다.

반면에 개인의 노력에 따라 보다 더 행복해질 수 있다는 노력 구성
주의는 평균 5.51(표준편차 1.25)로 나타났다. 즉 노력 여하에 따라
행복해질 수 있다는 믿음이 가장 높았고, 그다음으로 생물학적 믿
음, 불변론적 믿음 순이었다. 평균적으로 한국인은 행복 본질주의자
라기보다는 행복 구성주의자임이 밝혀진 것이다.

1점부터 7점까지 점수대별 분포를 살펴보면, 행복은 변하지 않는다
는 불변론적 믿음은 1점대가 30.6%로 가장 많은 것으로 나타났다.
중간값인 4점대를 기준으로 살펴보면, 약 80%가 1~3점대에 분포
하고 있으며, 약 8%만이 5~7점대에 분포하고 있는 것으로 나타났
다. 이런 결과는 행복이 결코 변하지 않는다는 불변론적 믿음이 대
한민국에서 비교적 약하다는 것을 보여준다.

행복 불변론에 대한 믿음

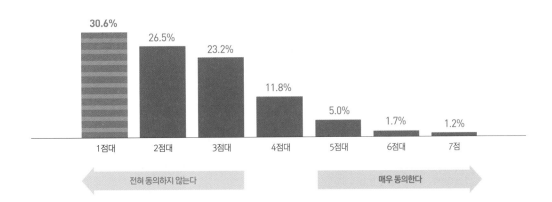

그렇다면 행복이 유전자나 생물학적 특성에 의해 결정된다는 생물
학적 믿음은 어떨까? 생물학적 믿음의 경우 3점대가 25.4%로 가장
많은 것으로 나타났다. 4점을 기준으로 전체 약 63%가 1~3점대에
분포하는 반면에 약 14%만이 5~7점에 분포하는 것으로 나타나 불
변론적 믿음과 마찬가지로, 행복에 대한 생물학적 믿음 역시 강하지
않다는 것을 알 수 있다.

행복의 생물학적 기초에 대한 믿음

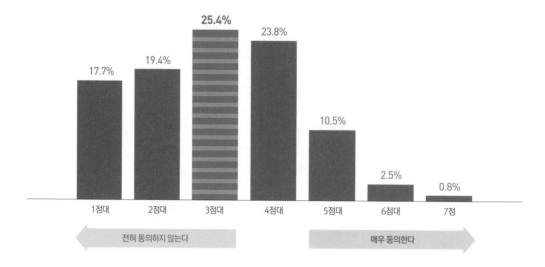

이와 달리 행복은 개인의 노력에 따라 변화할 수 있다는 믿음은 앞서 살펴본 행복에 관한 본질주의적 믿음과 상반되는 결과를 보여, 5점대가 28.4%로 가장 높게 나타났다. 중간값인 4점대를 기준으로 약 72%가 5~7점에 분포하는 반면에 1~3점대에 분포하는 비율은 약 10%가 되지 않았다. 이런 결과는 한국인들 중 다수가 개인의 노력에 따라 얼마든지 보다 더 행복해질 수 있다는 믿음을 가지고 있음을 보여준다.

행복 노력 구성주의에 대한 믿음

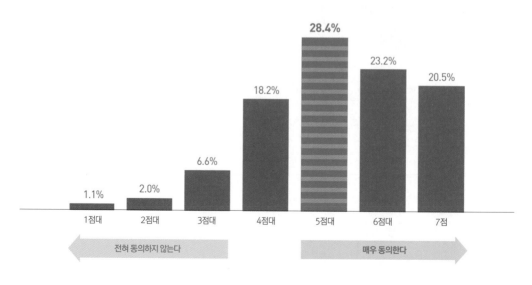

남성과 여성은 행복에 관해 서로 다른 믿음을 가지고 있을까?

행복은 변할 수 없다는 믿음의 경우 남성이 평균 2.71(표준편차 1.44), 여성이 평균 2.70(표준편차 1.35)으로 크게 다르지 않은 것으로 나타났다. 행복이 유전자와 같이 생물학적 특성에 의해 결정된다는 믿음의 경우, 여성이 평균 3.37(표준편차 1.38)로, 남성의 평균 3.25(표준편차 1.47)에 비해 조금 더 높게 나타났다.

그렇다면 개인의 노력에 따라 보다 더 행복해질 수 있다는 노력 구성주의는 어떨까? 행복이 노력에 따라 변화할 수 있다는 믿음은 남성이 평균 5.55(표준편차 1.29)로, 여성의 평균 5.50(표준편차 1.24)에 비해 미세하게 높은 것으로 나타났다.

전반적으로 행복 본질주의에 관한 성차는 크지 않았다.

행복에 대한 본질주의적 믿음은 나이가 들수록 약해진다

연령에 따라 행복 본질주의에 대한 믿음이 어떻게 달라지는지 살펴본 결과, 20~30대가 본질주의적 믿음을 가장 강하게 보유하고 있는 것으로 나타났다. 특히 30대의 본질주의적 믿음이 가장 강했다. 그러나 30대를 지나 40대에 접어들면서는 행복에 대한 본질주의적 믿음이 감소했다. 즉 행복이 노력에 의해 향상될 수 있다는 믿음이 증가한 것이다. 이 패턴은 남녀 모두에게서 비슷하게 나타났다.

이는 행복감이 20~30대에 최저점에 이른 후, 40대부터 60대까지 증가하는 현상과 유사하다. 실제로 40대 이후에 행복감이 증가했기 때문에 행복이 향상될 수 있다는 믿음이 증가한 것인지, 혹은 반대로 믿음이 증가했기 때문에 실제적인 행복감이 증가했는지 현재로서는 알 수 없다. 개인의 행복에 대한 믿음과 실제 행복의 관계는 지속적인 종단 연구를 통해 그 방향성을 확인할 수 있을 것이다.

40대에 접어들며
행복이 노력으로 커질 수 있다는
믿음이 증가한다。

연령에 따른 행복 본질주의

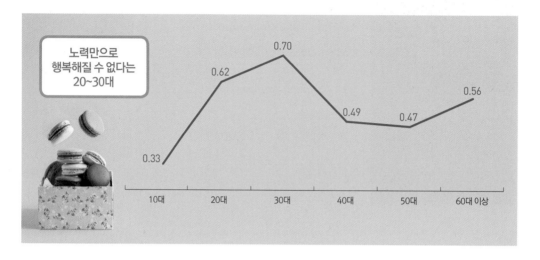

노력만으로
행복해질 수 없다는
20~30대

0.33
0.62
0.70
0.49
0.47
0.56

10대 20대 30대 40대 50대 60대 이상

흥미로운 점은 10대 때 행복 본질주의 신념이 가장 약했다가 20~
30대 이르면서 급격하게 증가하는 패턴을 보이는 것이다. 청소년
기까지는 노력에 의해 행복해질 수 있다는 생각을 강하게 갖지만,
20~30대에 이르러 노력만으로는 행복해지지 않는다는 결정론적인
생각을 한다는 점을 시사한다.

행복에 대한 믿음에 지역 차가 있을까?

행복 본질주의에 대한 믿음은 지역에 따라 차이가 있을까? 전국 17
개 지역과 해외 거주자들의 행복 본질주의 총점을 비교한 결과, 서
울 및 6개 광역시에 거주하는 사람들의 행복 본질주의에 대한 믿음
은 평균 0.60(표준편차 3.08)으로, 그밖의 지역에 거주하는 사람들의
평균 0.47(표준편차 3.11)보다 더 높은 것으로 나타났다.

대도시 사람들일수록 행복이 개인의 노력만으로 달성되지 않는다
는 생각을 더 강하게 한다는 점을 보여준다. 전북의 경우, 세종을 제
외한 상위 5개 대도시보다 행복 본질주의가 유의하게 낮은 것으로
나타났다.

지역별 행복 본질주의의 관계

서울 부산 세종 대구 인천 경기 해외 경북 광주 충남 대전 경남 전남 울산 강원 충북 제주 전북

0.64 0.63 0.63 0.61 0.59 0.53 0.50 0.49 0.47 0.44 0.43 0.43 0.43 0.41 0.36 0.35 0.34 0.22

노력마저 하지 않으면 행복은 더 멀어진다

행복 본질주의의 부정적 영향

행복한 사람들은 행복이 유전에 의한 운명이라고 생각하지 않는다
그렇다면 행복의 정도와 행복 본질주의는 어떤 관계에 있을까?

분석 결과, **행복에 관한 본질주의적 믿음이 높을수록 행복감이 감소**하는 것으로 나타났다($r=-.43$). 이런 부정적인 관계는 안녕지수의 모든 하위 지표들인 삶의 만족, 삶의 의미, 긍정정서, 부정정서에서 일관되게 나타났다. 다시 말해 행복이 유전에 의해 결정되어 있다는 생각을 하는 사람들이 낮은 수준의 행복을 경험한다는 것이다.

이처럼 행복에 본질이 존재한다는 믿음이 우리의 안녕감을 위협한다는 결과는 매우 흥미롭다. 특히 행복과 본질주의적 믿음의 관계는 자아 존중감($r=.72$)이나 감사($r=.62$)가 행복과 맺고 있는 관련성만큼 강하게 나타나진 않았지만, 사회적 지지와 행복($r=.48$)의 관계와는 유사한 정도라는 점에서 더욱 놀랍다. 행복 본질주의적 믿음과 행복의 관계는 남성($r=-.44$)과 여성($r=-.43$) 모두 유사해 성별에 따라 달라지지 않는 것으로 나타났다.

행복 본질주의와 행복의 관계

-0.43	안녕지수
-0.39	삶의 만족
-0.39	삶의 의미
-0.38	긍정정서
0.37	부정정서

행복에 관한 본질주의적 믿음의 효과는 대부분의 연령에서 유사하다
행복에 관한 본질주의적 믿음과 행복 사이의 부적인 관계는 모든 연령에서 나타났다. 한 가지 주목할 점은 10대의 경우, 전 연령 가운데 행복 본질주의적 믿음 자체는 가장 약했으나 행복 본질주의가 행복을 위협하는 정도는 다른 연령과 동일하게 나타났다는 것이다.

다시 말해 행복이 고정불변하다는 믿음을 가장 적게 지니고 있지만, 행복 본질주의의 부정적인 영향은 다른 연령과 마찬가지로 강하게 받고 있다는 것을 의미한다.

행복이 유전적 요인과 비유전적 요인에 의해 어느 정도 영향을 받는지를 밝히는 작업은 과학자들의 몫이다. 그러나 일반인들도 이 문제에 관해 나름대로의 이론을 지니고 있다. 본질주의자들은 유전적 요인의 힘이 절대적이라고 믿는 반면, 비본질주의자들은 비유전적 요인의 힘이 더 크다고 믿는다.

개인이 어떤 믿음을 보유하는지는 개인의 자유지만, 위의 결과들은 본질주의적 믿음을 갖는 것이 행복에 유리하지 않음을 보여준다.

물론 본 조사가 인과관계를 직접적으로 증명하지 못했기 때문에 본질주의적 믿음이 낮은 행복을 초래했는지, 아니면 낮은 행복이 본질주의적 믿음을 유발했는지, 아니면 제3의 요인이 작용했는지는 알 수 없다. 그러나 행복한 사람들은 본질주의자가 아니라는 점만은 분명해 보인다.

연령별 행복 본질주의와 행복의 관계

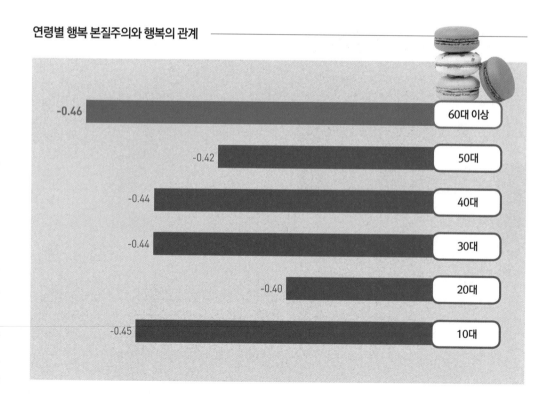

-0.46	60대 이상
-0.42	50대
-0.44	40대
-0.44	30대
-0.40	20대
-0.45	10대

Summary

- 한국인들은 행복이 유전의 산물이라는 본질주의적 신념보다, 노력과 연습에 따라 얼마든지 행복해질 수 있다는 생각을 더 강하게 지니고 있다.

- 20~30대 응답자들이 행복은 선천적으로 이미 결정되어 있다는 본질주의적 믿음을 가장 강하게 지니고 있다. 이런 믿음은 나이가 들면서 약화된다.

- 행복 본질주의에 대한 믿음은 지역에 따라 다르다. 특별시 및 광역시의 대도시 거주자들이 지방 거주자들에 비해 행복이 결정되어 있다는 본질주의적 믿음을 더 강하게 보유하고 있다.

- 행복 본질주의적 믿음은 안녕지수와 하위 지표들인 삶의 만족, 삶의 의미, 긍정정서, 부정정서 모두와 관계를 맺고 있다. 즉 행복한 사람들은 행복이 유전적으로 결정되어 있다는 생각을 더 적게 한다.

행복이
이미 결정되었다고
믿는 사람들은
행복하지 않다.

『대한민국 행복지도 2020』에 나타난 한국인의 행복

1. 2019년의 대한민국은 2018년의 대한민국보다 덜 행복

행복지도를 매년 그리는 것의 최대 장점은 행복의 연도별 추이를 확인해볼 수 있다는 데 있다.

2019년의 안녕지수는 2018년에 비해 유의하게 낮았다. 특히 부정적인 감정이 증가했고, 스트레스 수준이 높아졌다. 이런 하락은 특정 월에만 국한되지 않고, 거의 모든 월에 걸쳐 고르게 나타났다.

2018년에는 국민들의 평균 행복을 높여주는 큰 행사들과 깜짝 이벤트들이 다수 있었다. 평창 동계 올림픽과 연이은 남북 정상회담이 대표적인 예다. 그러나 2019년에는 그런 긍정적인 사건들이 적었던 반면, 버닝썬 스캔들, 일본과의 경제 갈등, 그리고 조국 사태로 야기된 정치적 갈등 등 부정적 사건들이 유독 많았다. 국민의 행복 수준이 국가적 사건 사고와 관련이 있음을 시사하는 결과다.

2. 세종, 명실상부한 대한민국의 최고 행복 도시

세종의 행복 수준이 2년째 최상위를 차지했다. 2019년 보고서에서 세종시의 행복 수준이 가장 높은 것으로 나타났을 때만 해도, 해석에 신중할 수밖에 없었다. 일회성 현상일 수 있었기 때문이다. 그러나 2년 연속 세종의 행복 수준이 가장 높은 것으로 나타난 점으로 볼 때, 세종을 대한민국에서 평균 행복도가 가장 높은 지역이라고 선언해도 큰 무리가 없어 보인다.

3. 20~30대, 가장 행복하지 않은 나이

2018년의 결과와 동일하게 2019년 행복 조사에서도 행복도가 가장 낮은 연령은 20~30대였다. 행복과 나이의 관계는 뚜렷하게 U자형 패턴을 보였으며, 20~30대에서 최저 수준을 보였다. 60대 이상은 10대보다도 높은 행복 수준을 보였다.

가장 혈기 왕성한 20~30대보다 60대 이상의 행복이 높다는 사실은 행복이 눈에 보이는 것에만 있지 않다는 점을 보여준다. 나이가 들면 행복해진다는 점은 행복에 관한 우리의 조급증도 상당 부분 해소해준다.

4. 타인에게 우호적이지 않은 사람은 나이가 들수록 불행해져

나이가 들면 대개의 경우 행복의 반등을 경험한다. 그러나 타인에게 우호적이지 않은 사람들, 즉 타인에게 관대하지 않고 공격적이며 호전적인 사람들은 나이가 들어도 행복이 증가하지 않고 오히려 하락하는 것으로 나타났다.

자기 행복에 대한 책임이 자신에게 있음을 알려주는 좋은 예다. 타인에게 따뜻한 사람이 되도록 노력하는 것이 노년기의 행복을 위한 좋은 투자임을 가르쳐준다.

5. 일본과의 경제 갈등은 애국심이 강한 사람들의 행복을 낮춰

화이트 리스트 배제를 둘러싼 한일 간의 갈등은 애국심에 높은 가치를 두는 사람들의 행복을 떨어뜨렸다. 자기 개념self concept의 핵심 요소에 '국가'가 포함된 사람들에게는 국가적 사건들이 행복에 중요하게 작동함을 보여주는 결과다. 동일한 사건이라 할지라도 경험하는 사람들의 성향에 따라 행복에 미치는 힘이 다르다는 기본 원칙을 재확인시켜주는 결과이기도 하다.

6. 행복한 사람들은 스스로를 높은 계층이라 여겨

행복에 관한 신화 중 하나는 가난한 사람들이 행복하다는 것이다. 가난해도 행복할 수는 있지만, 가난이 행복의 전제 조건은 아니다. 객관적 사회계층이 높은 사람들, 그리고 자신의 계층을 주관적으로 높게 보는 사람들이 그렇지 않은 사람들에 비해 높은 행복을 경험한다.

이번 조사에서도 자신의 사회적 계층을 높게 보면 볼수록 행복감이 높은 것으로 나타났다. 행복에 계층의 사다리가 존재하는 셈이다.

7. 행복한 사람들은 행복이 유전적 운명이라고 여기지 않아

행복에 미치는 유전의 힘은 분명히 존재하지만, 행복한 사람들은 행복이 유전에 의한 운명이라고 생각하는 경향이 낮았다. 이들은 자신의 노력과 사회적 개입에 의해 행복이 증진될 수 있다는 신념을 강하게 가지고 있었다.

물론 이런 신념 때문에 행복한 것인지, 행복하기 때문에 이런 신념을 가진 것인지는 단정할 수 없다. 그러나 이런 신념을 가진 사람들이 행복해지려는 노력을 더 한다는 연구를 보면, 행복에 대한 운명론적 시각을 갖지 않는 것이 중요하다는 점은 분명해 보인다,

8. 행복한 사람들은 바쁘지만 여유가 있어

바쁜 것이 언제나 나쁜 것은 아니었다. 특히 바쁘다는 사실은 나이가 들수록 자존감을 높여주는 역할을 함으로써 행복을 증가시켜주었다.

중요한 점은 일상이 바쁘다는 것과 마음속 여유를 느끼는 것이 별개일 수 있으며, 행복한 사람들은 바쁘지만 마음속으로 시간의 여유를 느끼는 사람들이라는 사실이다. 마음은 가난하면서 돈은 여유 있는 사람이 행복을 느끼는 것과 같은 역설적인 결과다.

9. 행복한 사람들은 타인을 신뢰

행복한 사람들은 타인에 대한 의심이 없고 타인을 경쟁 상대로 보는 경향도 약했다. 인생을 만인 대 만인의 투쟁으로 보지 않는다는 것이다. 행복한 국가의 신뢰 수준이 높다는 기존 연구들과 일치하는 결과다.

10. 행복한 사람들은 최고의 선택만을 고집하지 않아

합리적 선택을 내리는 능력이 최우선시되는 현대사회에서 최고의 선택을 내리려는 인간의 노력은 긍정적으로 평가된다. 그러나 모든 선택에서 항상 최고를 추구하려는 경향이 습관으로 자리 잡는다면 삶은 불안해진다. 더 나은 가격, 더 나은 시기, 더 나은 대상이 있을 수 있다는 생각 때문에 선택을 내리는 것이 쉽지 않고, 선택을 내린 후에도 늘 불안하다.

이런 극대화 성향은 행복한 사람들일수록 낮게 나타났다. 가끔은 적당한 선택에 만족하고 다른 일에 집중하는 것이 현명하다. 모든 선택에서 항상 최고의 선택을 내리려는 완벽주의적 집착은 우리의 행복을 갉아먹을 수 있다.

Part 01 당신은 지금 얼마나 행복한가요?

How to Measure Happiness

행복의 측정

• Diener, E. (2000). Subjective well-being: The science of happiness and a proposal for a national index. *American Psychologist, 55*(1), 34–43. doi: 10.1037/0003-066X.55.1.34

• Kahneman, D., & Krueger, A. B. (2006). Developments in the measurement of subjective well-being. *Journal of Economic Perspectives, 20*(1), 3–24. doi: 10.1257/089533006776526030

• Kashdan, T. B., Biswas-Diener, R., & King, L. A. (2008). Reconsidering happiness: the costs of distinguishing between hedonics and eudaimonia. *The Journal of Positive Psychology, 3*(4), 219–233. doi: 10.1080/17439760802303044

• Ryan, R. M., & Deci, E. L. (2001). On happiness and human potentials: A review of research on hedonic and eudaimonic well-being. *Annual Review of Psychology, 52*(1), 141–166. doi: 10.1146/annurev.psych.52.1.141

• Stone, A. A., & Mackie, C. E. (2013). Subjective well-being: Measuring happiness, suffering, and other dimensions of experience. Washinton, DC, US: National Academies Press.

Happiness in 2019

세계 국가 간 행복 비교

• Helliwell, J. F., Layard, R., & Sachs, J. D. (2019). World Happiness Report 2019. New York: Sustainable Development Solutions Network.

Happiness by Gender & Age

성별과 행복

• Stevenson, B., & Wolfers, J. (2009). The paradox of declining female happiness. *American Economic Journal: Economic Policy, 1*(2), 190–225. doi: 10.1257/pol.1.2.190

나이와 행복

• Frijters, P., & Beatton, T. (2012). The mystery of the U-shaped relationship between happiness and age. *Journal of Economic Behavior & Organization, 82*(2~3), 525–542. doi:10.1016/j.jebo.2012.03.008

• Stone, A. A., Schwartz, J. E., Broderick, J. E., & Deaton, A. (2010). A snapshot of the age distribution of psychological well-being in the United States. *Proceedings of the National Academy of Sciences, 107*(22), 9985~9990. doi: 10.1073/pnas.1003744107

연령별 남녀 우울감

• Albert, P. R. (2015). Why is depression more prevalent in women?, *Journal of Psychiatry & Neuroscience, 40*(4), 219–221. doi: 10.1503/jpn.150205

• Bebbington, P. E., Dunn, G., Jenkins, R., Lewis, G., Brugha, T., Farrell, M., & Meltzer, H. (1998). The influence of age and sex on the prevalence of depressive conditions: report from the National Survey of Psychiatric Morbidity. *Psychological Medicine, 28*(1), 9–19. doi: 10.1017/S0033291797006077

나이에 따른 부정정서 경험

• Carstensen, L. L., Fung, H. H., & Charles, S. T. (2003). Socioemotional selectivity theory and the regulation of emotion in the second half of life. *Motivation and Emotion, 27*(2), 103–123. doi: 10.1023/A:1024569803230

남녀 우울증 확률

• Hyde, J. S., & Mezulis, A. H. (2020). Gender differences in depression: Biological, affective, cognitive, and sociocultural factors. *Harvard Review of Psychiatry, 28*(1), 4–13. doi: 10.1097/HRP.0000000000000230

국가 간 아동 청소년 삶의 만족도

• 이봉주. (2019, 11, 11). 국제 비교 맥락에서의 한국 아동의 주관적 행복감. 2019 한국 아동의 삶의 질에 관한 국제 심포지엄 기조 강연.

Happiness by Region

세종시 근로자 유형

• 세종포스트. (2018, 10, 25). 사람들은 왜 세종 행복도시로 이주했을까? http://www.sjpost.co.kr/news/articleView.html?idxno=36217에서 2020, 1, 30 인출.

The Happiest Days of the Week

요일과 행복

• Helliwell, J. F., & Wang, S. (2014). Weekends and subjective well-being. *Social Indicators Research, 116*(2), 389–407. doi: 10.1007/s11205-013-0306-y

수면의 질과 행복

• Steptoe, A., O'Donnell, K., Marmot, M., & Wardle, J. (2008). Positive affect, psychological well-being, and good sleep, *Journal of Psychosomatic Research, 64*(4), 409–415. doi: 10.1016/j.jpsychores.2007.11.008

Special Days, Special Happiness?

금융 시장과 행복의 관계

- 중앙일보. (2019, 8, 6). 블랙 먼데이… 국민 불안감 줄여 줄 정책이 필요하다. https://news.joins.com/article/23544596에서 2020, 1, 30 인출.

Part 02 행복한 사람들의 5가지 특징

Social Status

사회적 지위와 계층

- Piff, P. K., Kraus, M. W., & Keltner, D. (2018). Unpacking the inequality paradox: The psychological roots of inequality and social class. *Advances in Experimental Social Psychology, 57*, 53-124.
- Kraus, M. W., Piff, P. K., Mendoza-Denton, R., Rheinschmidt, M. L., & Keltner, D. (2012). Social class, solipsism, and contextualism: How the rich are different from the poor. *Psychological Review, 119*(3), 546-572.

주관적 사회 지위

- Adler, N. E., Epel, E. S., Castellazzo, G., & Ickovics, J. R. (2000). Relationship of subjective and objective social status with psychological and physiological functioning: Preliminary data in healthy, White women. *Health Psychology, 19*(6), 586-592.

소득과 행복

- Kahneman, D., & Deaton, A. (2010). High income improves evaluation of life but not emotional well-being. *Proceedings of the National Academy of Sciences, 107*(38), 16489-16493.

세계 국가 간 행복 비교

- Helliwell, J. F., Layard, R., & Sachs, J. D. (2019). World Happiness Report 2019. New York: Sustainable Development Solutions Network.

Time Poverty

시간 빈곤과 바쁜 일상

- Kasser, T., & Sheldon, K. M. (2009). Time affluence as a path toward personal happiness and ethical business practice: Empirical evidence from four studies. *Journal of Business Ethics, 84*(2), 243-255.

연간 평균 노동 시간

- OECD (2020). Average annual hours actually worked per worker. https://stats.oecd.org/Index.aspx?DataSetCode=ANHRS#에서 2020, 1, 17 인출.

노년과 바쁜 일상

- Ekerdt, D. J., & Koss, C. (2016). The task of time in retirement. *Ageing & Society, 36*(6), 1295-1311.

Maximization

극대화 성향 측정

- Schwartz, B., Ward, A., Monterosso, J., Lyubomirsky, S., White, K., & Lehman, D. R. (2002). Maximizing versus satisficing: Happiness is a matter of choice. *Journal of personality and social psychology, 83*(5), 1178-1197.

Distrust

마키아벨리즘 성격

- 김희송, 홍현기, & 현명호. (2011). 한국판 마키아벨리즘 성격 척도(MPS) 의 타당화 및 신뢰도 연구. 《스트레스硏究》, 19(1), 21-30.
- Dahling, J. J., Whitaker, B. G., & Levy, P. E. (2009). The development and validation of a new Machiavellianism scale. *Journal of Management, 35*(2), 219-257.

신뢰와 감정 표현

- Qualter, P., Quinton, S. J., Wagner, H., & Brown, S. (2009). Loneliness, interpersonal distrust, and alexithymia in university students 1. *Journal of Applied Social Psychology, 39*(6), 1461-1479.

Essentialist Belief about Happiness

행복 본질주의와 구성주의

- Busseri, M. A., & Samani, M. N. (2019). Lay theories for life satisfaction and the belief that life gets better and better. *Journal of Happiness Studies, 20*(5), 1647-1672.
- De Neve, J. E. (2011). Functional polymorphism (5-HTTLPR) in the serotonin transporter gene is associated with subjective well-being: Evidence from a US nationally representative sample. *Journal of Human Genetics, 56*(6), 456-459.

행복 본질주의 측정

- Choi, I., Yu, J., Lee, J., & Choi., E. (2018). Essentializing happiness reduces one's motivation to be happier. Manuscript in preparation.

KI신서 9034
서울대 행복연구센터의 행복 리포트
대한민국 행복지도 2020

1판 1쇄 인쇄 2020년 4월 8일
1판 1쇄 발행 2020년 4월 15일

지은이 서울대학교 행복연구센터
펴낸이 김영곤 **펴낸곳** ㈜북이십일 21세기북스
출판사업본부장 정지은 **인문기획팀** 양으녕 김다미 **디자인** ALL design group
영업본부 이사 안형태 **영업본부장** 한충희 **출판영업팀** 김수현 오서영 최명열
마케팅팀 배상현 김윤희 이현진 **제작팀** 이영민 권경민

출판등록 2000년 5월 6일 제406-2003-061호
주소 (10881) 경기도 파주시 회동길 201(문발동)
대표전화 031-955-2100 **팩스** 031-955-2151 **이메일** book21@book21.co.kr

ⓒ 서울대학교 행복연구센터, 2020
ISBN 978-89-509-8716-9 13320

㈜북이십일 경계를 허무는 콘텐츠 리더
21세기북스 채널에서 도서 정보와 다양한 영상자료, 이벤트를 만나세요!
페이스북 facebook.com/jiinpill21   **포스트** post.naver.com/21c_editors **유튜브** youtube.com/book21pub
인스타그램 instagram.com/jiinpill21 **홈페이지** www.book21.com
서울대 가지 않아도 들을 수 있는 명강의! 〈서가명강〉
유튜브, 네이버, 팟빵, 팟캐스트에서 '서가명강'을 검색해보세요!